동몽선습 東蒙先習

손으로 쓰는 책 동몽선습
초판인쇄 2020년 9월 1일
초판발행 2020년 9월 8일

저술_박세무
역해_김현길
디자인_이혜원
발행인_김현길
발행처_도서출판 문파랑

등 록_제313-2006-000253호
주 소_서울시 은평구 은평로2길 19(동진B 301호)
전 화_ 02) 3142-3827
팩 스_02) 6442-0839
E·mail_ aveva@naver.com

값 12,000원

ISBN 978-89-94575-55-1 (03140)

이 도서의 국립중앙도서관 출판예정도서목록(CIP)은 서지정보유통지원시스템 홈페이지(http://seoji.nl.go.kr)와 국가자료종합목록 구축시스템(http://kolis-net.nl.go.kr)에서 이용하실 수 있습니다.(CIP제어번호: CIP2020035746)

동몽선습

기획의 말

　이 책은 한문 고전인 〈동몽선습〉을 한글로 풀이하여 독자에게 소개하고, 또 한자와 한문을 아울러 익히는 데 도움을 주고자 출간되었다.

　〈동몽선습〉은 조선 중기의 문인인 박세무가 저술했다고 일반적으로 알려졌다. 이 책은 조선시대 학동이 〈천자문〉을 떼고 나서 그 다음 과정으로 〈계몽〉과 더불어 반드시 배우고 익혔던 대표적 학습 교재이다. 게다가 조선 왕실의 세자 교육용으로도 활용되었다는 사실에서 당대의 학술적 평가가 얼마나 높았는지 잘 알 수 있다.

　이제 막 한문 공부에 첫 발을 뗀 사람을 이 책의 일차 독자로 상정하여, 한문 해석이 실제로 어떻게 이뤄지는지 이해하기 쉽도록 직역을 원칙으로 삼았다. 그렇지만 총론과 발문의 몇 군데는 명확한 말뜻의 전달을 위해 의역한 부분이 있음을 밝혀둔다.

　한자 풀이는 훈과 음을 달되 그 한자의 대표적으로, 일반적으로 쓰이는 의미뿐만 아니라 문맥과 품사 용법에 따라 다르게 쓰이는 의미도 나열했다.

　이 책의 본문 구성에서 한자 어휘와 문장 구절을 독자가 직접 손으로 쓸 수 있는 연습란을 별도로 마련하였다.

　손으로 직접 글을 옮겨 쓰는 필사의 그 정서적이며 실용적인 효과를 굳이 덧붙이지 않는 까닭은, 천릿길도 한 걸음부터란 말마따나 다만 실천의 문제이기 때문이다.

일러두기

之_갈 지/ 가다, 이르다, 도달하다// '~의', 관형격 어조사.
係_맬 계/ 매다, 묶다, 잇다// 끈, 줄, 핏줄, 혈통.

훈과 음 다음의 / 표시 뒤에는 글자 뜻을 열거하였고, // 표시 뒤에는 품사를 달리하는 글자 뜻을 나열하거나 본문에서 쓰인 문법적 구실을 설명하였다.

목   차

어제 동몽선습서·················· 9
수   편·················· 33
부자유친·················· 39
군신유의·················· 47
부부유별·················· 54
장유유서·················· 63
붕우유신·················· 73
총   론·················· 80
발   문··················156

御製 童蒙先習序

夫此書는 卽東儒所撰也라 總冠以五倫하고 復以父子君
부차서　　즉동유소찬야　　총관이오륜　　　부이부자군

臣夫婦長幼朋友로 列之于次하며 而其自太極肇判으로
신부부장유붕우　　열지우차　　　이기자태극조판

三皇五帝夏殷周漢唐宋以至皇朝에 歷代世系를 纖悉
삼황오제하은주한당송이지황조　　역대세계　　섬실

備錄하고 逮夫我東하여 始檀君으로 歷三國하여 至于我朝에
비록　　　체부아동　　　시단군　　　역삼국　　　지우아조

亦爲俱載하니 文雖約이나 而錄則博하고 卷雖小나 而包則大라.
역위구재　　　문수약　　　이록즉박　　　권수소　　　이포즉대

其況堯舜之道는 孝弟而已라 舜之命契에 以五品爲重하니
기황요순지도　　효제이이　　순지명설　　이오품위중

此文之冠以五倫者가 其意宏矣로다.
차문지관이오륜자　　기의굉의

字解

御_거느릴 어/(소나 말을 부리어) 몰다, 다스리다, 통치하다, 길들이다// 마부.

製_지을 제/ 만들다.

어제御製: 임금이 손수 지었다는 뜻으로, 어 자는 임금에게 관계된 말에 붙어서 존경을 나타낸다. 같은 예로 어전, 어명, 어사화 등이 있다.

夫_지아비 부// 문장 첫머리에 오는 발어사.

儒_선비 유/ 학자, 유교, 난쟁이.

撰_지을 찬/ 기록하다, 적다, 저술하다.

肇_비롯할 조/ 창시하다// 기원, 시초.

判_판단할 판/ 나누다, 가르다, 구별하다.

纖_가늘 섬/ 가냘프다, 자세하다, 섬세하다.

悉_다 실/ 모두.

備_갖출 비/ 준비하다.

錄_기록할 록/ 적다// 기록.

逮_잡을 체/ 쫓다, 체포하다, (영향이나 작용 따위가) 미치다, (어떤 대상 또는 장소에) 이르다.

부아동夫我東: 우리나라에 미쳐서는. 逮는 及 또는 至와 같다.

俱_함께 구/ 모두, 다// 갖추다, 구비하다.

約_맺을 약/ 약속하다, 묶다, 아끼다, 줄이다.

博_넓을 박/ 많다, 크다, 노름하다// 넓이, 폭, 노름, 도박.

卷_책 권/ 문서, 두루마리// 돌돌 감아싸다, 말다, 접다.
包_쌀 포/ 싸다, 감싸다// 보따리, 꾸러미.
이이而已: ~뿐이다, ~만이다. 已는 한정의 뜻을 갖는 종결어미.
契_맺을 계/ 언약하다, 새기다, 계약하다// 약속, 계약.
 _사람 이름 설.
 _부족 이름 글.
宏_클 굉/ 넓다, 광대하다.// 두루, 널리.

文解

　이 책은 우리나라 선비가 지은 것이다.
　오륜으로써 책머리에 으뜸으로 두고, 다시 부자, 군신, 부부, 장유, 붕우로 다음에 이어서 늘어놓았으며, 태극이 맨처음 나뉜 때부터 삼황·오제와 하·은·주·한·당·송에다가 황조(명나라)에 이르기까지 여러 대에 걸친 계통을 자세하게 모두 갖춰 기록했고, 우리나라에 이르러선 단군을 시조로 하여 삼국을 지나 우리 조선에 이르기까지 또한 다 기록되어 있으니, 글은 비록 간략하나 그 기록한 내용은 넓고, 책은 비록 작으나 그 내포한 의미는 크다.
　더욱이 요순의 도는 효제일 따름이라, 순임금이 설에게 명하여 오품을 소중히 하였으니, 이 글이 오륜을 으뜸으로 둔 것은 그 뜻이 광대하다.

漢字練習

御 거느릴 어

製 지을 제

儒 선비 유

撰 지을 찬

肇 비롯할 조

判 판단할 판

纖 가늘 섬

漢字練習

悉
다 실

備
갖출 비

錄
기록할 록

逮
잡을 체

俱
함께 구

約
맺을 약

博
넓을 박

漢字練習

卷
책 권

包
쌀 포

契
맺을 계

宏
클 굉

文章練習

夫此書는 卽東儒所撰也라 總冠以五倫하고 復以 父子君臣夫婦長幼朋友로 列之于次하며 而其自 太極肇判으로 三皇五帝夏殷周漢唐宋以至皇朝에 歷代世系를 纖悉備錄하고 逮夫我東하여 始檀君으로 歷三國하여 至于我朝에 亦爲俱載하니 文雖約이나 而錄則博하고 卷雖小나 而包則大라.

其況堯舜之道는 孝弟而已라 舜之命契에 以五品爲重 하니 此文之冠以五倫者가 其意宏矣로다.

噫라 孝於親然後에 忠於君하며 弟於兄然後에 敬于長하니
희   효어친연후   충어군   제어형연후   경우장

以此觀之면 五倫之中에 孝弟爲先이라.
이차관지   오륜지중   효제위선

雖然이나 詩讚文王曰 於緝熙敬止라 하니 敬者는 成始終徹
수연   시찬문왕왈 오집희경지   경자   성시종철

上下之工夫也라.
상하지공부야

故로 大學要旨는 卽敬字也요 中庸要旨는 卽誠字也라.
고   대학요지   즉경자야   중용요지   즉성자야

誠敬이 亦於學問에 車兩輪鳥兩翼者也라.
성경   역어학문   거양륜조양익자야

今予於此書에 以誠敬二字로 冠于篇首하노라.
금여어차서   이성경이자   관우편수

誠然後에 能免書自我自하고 敬然後에 可以欽體欽遵하니
성연후   능면서자아자   경연후   가이흠체흠준

學豈可忽乎哉리오.
학기가홀호재

字解

噫_ 한숨 쉴 희/ 탄식하다// 아아!

於_ 어조사 어/ ~보다, ~에, ~에서. ~에게.

　_ 탄식할 오// 아아, 오!

緝_ 모을 집/ 엮다, 편집하다, 잇다, 계속하다.

熙_ 빛날 희.

徹_ 통할 철/ 꿰뚫다, 관통하다.

旨_ 뜻 지/ 맛.

輪_ 바퀴 륜/ 수레.

欽_ 공경할 흠/ 존경하다, 삼가다, 조심하다.

遵_ 좇을 준/ 따르다, 지키다.

忽_ 갑자기 홀/ 문득, 느닷없이// 마음에 두지 않다, 소홀히 하다, 경시하다.

文解

아아! 부모에게 효도하고 나서야 임금에게 충성하며, 형에게 공손한 뒤에야 어른에게 공경하니, 이렇게 본다면 오륜 가운데서 효제가 첫째간다.

그러나 〈시경〉에서 문왕을 기리길 '오! 공경의 덕을 계속해서 빛내셨네.'라고 했으니, 공경이란 일의 처음과 끝을 이루면서 윗사람과 아랫사람을 아울러 통하는 공부이다.

그러므로 〈대학〉의 가장 중요한 핵심이 되는 뜻은 곧 한 글자로 '경'이고, 〈중용〉의 요지는 곧 '성' 한 글자이다.

성과 경은 또 학문에서 수레의 두 바퀴나 새의 두 날개 같은 노릇을 한다.

이제 내가 이 책에서 성과 경 두 글자를 그 첫머리에 내세운다.

정성을 다한 뒤에야 책 따로 나 따로를 면하고, 공경을 다하고 나서야 삼가 체득하고 삼가 따를 수 있으니, 배움에 어찌 소홀히 하겠는가!

漢字練習

噫
한숨 쉴 희

緝
모을 집

熙
빛날 희

徹
통할 철

旨
뜻 지

輪
바퀴 륜

欽
공경할 흠

漢字練習

遵
좇을 준

忽
갑자기 홀

文章練習

噫라 孝於親然後에 忠於君하며 弟於兄然後에 敬于長하니 以此觀之면 五倫之中에 孝弟爲先이라.

雖然이나 詩讚文王曰 於緝熙敬止라 하니 敬者는 成始終徹上下之工夫也라.

故로 大學要旨는 卽敬字也요 中庸要旨는 卽誠字也라. 誠敬이 亦於學問에 車兩輪鳥兩翼者也라.

今予於此書에 以誠敬二字로 冠于篇首하노라.

誠然後에 能免書自我自하고 敬然後에 可以欽體欽遵하니 學豈可忽乎哉리오.

予又於卷下 國初開創 受號朝鮮之文에 慨然追慕하며
여 우 어 권 하 국 초 개 창 수 호 조 선 지 문   개 연 추 모

三復興感也로다.
삼 부 흥 감 야

噫라 繼繼承承하사 重熙累洽의 寔是至仁盛德과 深恩隆惠가
희   계 계 승 승   중 희 루 흡   시 시 지 인 성 덕   심 은 륭 혜

垂裕後昆之致니 繼體之君은 式體至德하여 兢兢業業하며
수 유 후 곤 지 치 계 체 지 군   식 체 지 덕   긍 긍 업 업

誠心調劑하여 至于蕩蕩하며 誠心愛民하여 永保元元하면
성 심 조 제   지 우 탕 탕   성 심 애 민   영 보 원 원

則吾國이 其庶幾也며 吾國이 其庶幾也인저.
즉 오 국 기 서 기 야 오 국 기 서 기 야

且我東禮義가 雖因箕聖之敎나 三韓以後에 幾乎泯焉이라 入于
차 아 동 례 의 수 인 기 성 지 교 삼 한 이 후 기 호 민 언   입 우

我朝하며 禮義이 畢擧하고 文物이 咸備어늘 惜乎라 述者之猶
아 조   예 의 필 거   문 물 함 비   석 호 술 자 지 유

遺乎此哉여. 嗟爾小子아 益加勉旃也夫인저.
유 호 차 재   차 이 소 자 익 가 면 전 야 부

峕玄黓閹茂朝月上浣에 命藝館而廣印하고 作序文於卷首
시 현 익 엄 무 조 월 상 완   명 예 관 이 광 인   작 서 문 어 권 수

하노라.

字解

創_ 비롯할 창/ 시작하다, 만들다.
慨_ 슬퍼할 개/ 분개하다, 분노하다, 서슴없다, 시원시원하다.
追_ 쫓을 추/ 거슬러 올라가다, 따르다, 사모하다.
慕_ 그릴 모/ 그리워하다, 생각하다.
累_ 여러 루/ 자주, 거듭// 거듭하다, 포개다.
洽_ 흡족할 흡/ 들어맞다, 부합하다, 젖다, 적시다, 넉넉하게 하다, 윤택하게 하다.
寔_ 이 식/ 이, 이것// 진실로, 참으로.
垂_ 드리울 수/ 기울다, 쏟다, 베풀다, (후세에) 물려주다, 전하다.
裕_ 넉넉할 유/너그럽다// 여유.
昆_ 맏 곤// 형, 자손, 후예.
式_ 법 식/ 제도, 의식// 본받다, 삼가다// 써, ~(으)로써.
兢_ 떨릴 긍/ 삼가다, 두려워하다.
業_ 업 업/ 일, 직업// 업으로 삼다, 일삼다, 위태롭다, 불안하다// 두려워하는 모양.
調_ 고를 조/ 조절하다, 어울리다, 연주하다// 가락, 음률.
劑_ 약제 제/ 조제하다, 조절하다.
蕩_ 방탕할 탕/ 방종하다, 넓고 크다.
元_ 으뜸 원/ 처음, 시초, 임금, 백성, 근본, 근원.
원원元元 : 어떤 사물이 전하여 내려온 그 근본의 뜻이나 모든 백성을 가리킨다.

庶_여러 서/ 거의// 가깝다, 바라다, 많다// 무리, 서출.

幾_몇 기/ 얼마, 거의// 가깝다, 바라다// 낌새, 조짐,

서기庶幾: '거의'의 뜻으로, 어느 한도에 매우 가까운 정도를 말한다.

泯_망할 민/ 멸망하다, 문란해지다.

惜_아낄 석/ 소중히 여기다, 아쉬워하다, 가여워하다.

嗟_탄식할 차/ 감탄하다.

旃_기 전/ 깃발// 어조사로써 之焉의 줄임말.

야부也夫: 감탄형 종결 어미.

旹_때 시/ 철, 계절// 時의 속자.

黓_검을 익/천간天干의 임壬의 딴 이름.

현익玄黓: 십간十干 중의 임壬을 뜻한다.

閹_고자 엄/ 환관// 성하다, 왕성하다.

엄무閹茂: 십이지十二支 중의 戌에 해당한다.

조월朝月: 6월의 별칭. 영조 18년 6월 28일 실록에 다음과 같은 기록이 있다.

> ○命芸館, 刊進《童蒙先習》. 是書, 卽中廟朝[朴枝茂][朴世茂] 所撰也.
> 운관에게 《동몽선습》을 간행하여 올리라고 명하였다. 이 책은 중종조에 박세무가 편찬한 것이다.

浣_빨 완/ 세탁하다, 씻다// 열흘.

예관藝館: 조선 왕조에서 교서관校書館의 다른 이름으로, 도서 간행을 담당했던 관청.

文解

　나는 또 이 책의 끝부분인, 나라가 맨처음 세워졌을 때 조선이라는 국호를 받았다는 대목에, 울컥하는 추모의 마음이 생기며 몇 번이고 감동했었다.
　아아!
　대대로 이어받으시고 또다시 빛내시고 거듭 윤택하게 하신 왕업의, 참으로 이것은 선조의 지극하고 성대한 인덕과 깊고 높은 은혜가 후손에게 넉넉히 드리워져서 된 일이니, 앞으로 나라를 계승할 임금들은 선대의 지극한 덕을 본받고 체득하여 항상 삼가고 두려워하며, 정성스러운 마음으로 분란이나 불화를 조정하여 정치를 순조롭게 하며, 정성스러운 마음으로 백성을 사랑하여 길이 백성을 보전한다면, 우리나라는 태평성대에 가까우며, 우리나라는 태평성대에 가까울 것이다.
　또 우리나라의 예의가 비록 기성의 가르침에 비롯하였으나 삼한 이후에 거의 문란해졌다가, 우리 조선에 들어오며 예의가 모두 일으켜지고 문물이 다 갖춰지거늘, 애석하여라, 지은이가 이 책에서 빠뜨렸다!
　아아, 너희 어린이들아 더더욱 힘쓸지어다.

　　　　　　　　　　　임술년(1742년) 유월 상순에
　　　　　　　　　　운관에게 명하여 널리 간행하게 하고
　　　　　　　　　　　책머리에 서문을 쓰노라

漢字練習

創
비롯할 창

慨
슬퍼할 개

追
쫓을 추

慕
그릴 모

累
여러 루

洽
흡족할 흡

寔
이 식

漢字練習

垂
드리울 수

裕
넉넉할 유

昆
맏 곤

兢
떨릴 긍

業
업 업

調
고를 조

劑
약제 제

漢字練習

蕩
방탕할 탕

庶
여러 서

幾
몇 기

泯
망할 민

惜
아낄 석

嗟
탄식할 차

旃
기 전

漢字練習

時
때 시

默
검을 익

閹
고자 엄

浣
빨 완

文章練習

予又於卷下 國初開創 受號朝鮮之文에 慨然追慕하며 三復興感也로다. 噫라 繼繼承承하사 重熙累洽의 寔是至仁盛德과 深恩隆惠가 垂後昆之致니 繼體之君은 式體至德하여 兢兢業業하며 誠心調劑하여 至于蕩蕩하며 誠心愛民하여 永保元元하면 則吾國이 其庶幾也며 吾國이 其庶幾也인저.

且我東禮義가 雖因箕聖之敎나 三韓以後에 幾乎泯焉이라 入于我朝하며 禮義이 畢擧하고 文物이 咸備어늘 惜乎라 述者之猶遺乎此哉여. 嗟爾小子아 益加勉旃也夫인저.

峕玄黙閹茂朝月上浣에 命藝館而廣印하고 作序文

於卷首하노라.

首篇

天地之間萬物之衆에 惟人이 最貴하니 所貴乎人者는 以其
천지지간만물지중　유인　최귀　　소귀호인자　이기

有五倫也라.
유오륜야

是故로 孟子曰 父子有親하며 君臣有義하며 夫婦有別하며
시고　맹자왈 부자유친　　군신유의　　부부유별

長幼有序하며 朋友有信이라 하시니 人而不知有五常하면 則其違
장유유서　　봉우유신　　　　　인이부지유오상　　즉기위

禽獸不遠矣니라.
금수불원의

然則 父慈子孝하며 君義臣忠하며 夫和婦順하며 兄友弟恭
연즉　부자자효　　군의신충　　부화부순　　형우제공

하며 朋友輔仁然後에야 方可謂之人矣니라.
　　봉우보인연후　　방가위지인의

字解

常_떳떳할 상/ 일정하다, 한결같다, 영원하다// 항상, 늘, 언제나// 도리, 법도.

萬_일만 만// 아주 많은 수효를 나타내며 '온갖', '모든'의 뜻을 지닌다.

物_물건 물/동물, 식물, 사물, 인물// 생명이 있든 무생물이든 막론하고 세상에 있는 일반, 곧 어떤 존재, 어떤 대상, 어떠한 생각 또는 판단 등을 뜻한다.

衆_무리 중/ 백성, 서민, 많은 일, 많은 물건// 많다.

惟_생각할 유/ 오직, 오로지.

最_가장 최/ 으뜸, 최상, 제일.

違_어긋날 위/ 어기다, 다르다, 떨어지다, 멀리하다.

慈_사랑 자/ 자비, 어머니// 사랑하다.

恭_공손할 공/ 받들다, 삼가다, 예의 바르다.

輔_도울 보.

文解

하늘과 땅 사이 온갖 만물에 오직 사람만이 가장 귀하니, 사람이 귀하게 여겨지는 것은 오륜이 있기 때문이다.

이런 까닭에 맹자께서 말씀하길 "아버지와 아들은 친해야 하며, 임금과 신하는 의로워야 하며, 남편과 아내는 유별되야 하며, 어른과 아이는 차례져야 하며, 친구 사이는 미더워야 한다"고 하셨다.

사람이면서 이 다섯 가지 도리를 알지 못한다면 짐승과 크게 다르지 않을 것이다.

그러하면 부모는 자애롭고 자식은 효성스러우며, 임금은 의롭고 신하는 충성스러우며 남편과 아내는 화순해야 하며, 형은 우애롭고 아우는 공경스러우며, 친구 사이는 서로 어질게 되도록 돕고 나서야 바야흐로 사람이라고 할 수 있다.

漢字練習

常
떳떳할 상

萬
일만 만

物
물건 물

衆
무리 중

惟
생각할 유

最
가장 최

違
어긋날 위

漢字練習

慈
사랑 자

恭
공손할 공

輔
도울 보

文章練習

天地之間萬物之衆에 惟人이 最貴하니 所貴乎人者는 以其有五倫也라. 是故로 孟子曰 父子有親하며 君臣有義하며 夫婦有別하며 長幼有序하며 朋友有信이라 하시니 人而不知有五常하면 則其違禽獸不遠矣니라. 然則 父慈子孝하며 君義臣忠하며 夫和婦順하며 兄友弟恭하며 朋友輔仁然後에야 方可謂之人矣니라.

父子有親

父子는 天性之親이라 生而育之하고 愛而敎之하며 奉而承
부자　　천성지친　　　생이육지　　　애이교지　　　봉이승

之하고 孝而養之하나니 是故로 敎之以義方하여 弗納於邪하며
지　　　효이양지　　　　시고　　교지이의방　　　　불납어사

柔聲以諫하여 不使得罪於鄕黨州閭하나니 苟或父而不子
유성이간　　　불사득죄어향당주려　　　　구혹부이부자

其子하며 子而不父其父하면 其何以立於世乎리오.
기자　　　자이부부기부　　　기하이립어세호

雖然이나 天下에 無不是底父母라 父雖不慈나 子不可以不
수연　　　천하　　무불시지부모　　부수부자　　자불가이불

孝니 昔者에 大舜이 父頑母嚚하되 嘗欲殺舜이어늘 舜이 克
효　　석자　　대순　　부완모은　　　상욕살순　　　　순　　극

諧以孝하여 烝烝乂不格姦하시니 孝子之道가 於斯에 至矣로다.
해이효　　　증증예불격간　　　　효자지도　　어사　　지의

孔子曰 五刑之屬이 三千이로되 而罪가 莫大於不孝라 하시니라.
공자왈　오형지속　　삼천　　　　이죄　　막대어불효

字解

奉_받들 봉/ 바치다, 섬기다.

承_이을 승/ 계승하다, 받들다.

方_모 방/ 모, 네모, 방위, 방향, 도리, 의리/ 바야흐로, 장차.

의방義方: 집안에서 아버지가 아들에게 주는 가르침.

納_들일 납/ 거둬들이다, 수확하다, 받다, 받아들이다.

邪_간사할 사/ 사악하다, 바르지 못하다.

　_그런가 야/ 어조사.

諫_간할 간/ 웃어른이나 임금에게 잘못을 고치도록 말하다.

州_고을 주/ 마을, 동네.

閭_마을 려.

底_밑 저/ 아래, 바닥, 구석// 그치다, 멈추다.

　_이룰 지/ 이르다, 다다르다// 숫돌.

頑_완고할 완/ 고집이 세다, 미련하다, 둔하다.

嚚_어리석을 은/ 모질다, 간사하다.

嘗_맛볼 상/ 경험하다, 겪다// 일찍이, 이전에.

克_이길 극/ 해내다, 능하다.

諧_화할 해/ 화합하다, 어울리다, 조화되다.

烝_김 오를 증/ 찌다, 무덥다, 나아가다, 오르다.

증증烝烝하다: 김이 무럭무럭 피어오르거나 구름이 뭉게뭉게 자욱한
　　　　　모양.

乂_ 벨 예/ 깎다, 다스리다, 치료하다.

文解

   부모와 자식은 타고난 본성의 친밀한 사이라, 부모는 자식을 낳아 길러주고, 사랑하여 가르치며, 자식은 부모를 섬겨 받들고, 효노하여 봉양한다.
   그러므로 부모는 몸소 가르침으로 자식을 가르쳐, 자식이 나쁜 길에 들어서지 않게 하며, 자식은 부드러운 목소리로 부모에게 잘못을 알려드려 부모가 고을이나 동네에서 죄를 짓지 않도록 해야 한다.
   만약 부모가 되어 제 자식을 자식으로 여기지 않으며, 자식이 되어 제 부모를 부모로 여기지 않는다면 어떻게 세상에 똑바로 서겠는가!
   비록 그렇지만 천하에 옳지 않은 부모는 없으니, 부모가 비록 자애롭지 못하더라도 자식은 불효해선 안 된다.
   옛날에 위대한 순임금께서는, 아버지가 고집스럽고 어머니가 모질어서 일찍이 순을 죽이려고 했는데, 순이 효도로써 화목하게 해드려, 갈수록 개선되는 것이 간악한 데 이르지 않게 하시니, 효자의 도리가 이 정도에 이르러셨다.
   공자께서 말씀하시길 다섯 가지 형벌에 처해지는 죄의 종류가 삼천 개나 되지만 불효보다 더 큰 죄는 없다고 하셨다.

漢字練習

奉 받들 봉

承 이을 승

納 들일 납

邪 간사할 사

諫 간할 간

州 고을 주

閭 마을 려

漢字練習

底
밑 저

頑
완고할 완

嚚
어리석을 은

嘗
맛볼 상

克
이길 극

諧
화할 해

烝
김 오를 증

漢字練習

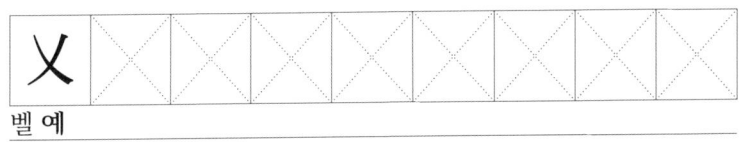

벨 예

文章練習

父子는 天性之親이라 生而育之하고 愛而敎之하며 奉而承之하고 孝而養之하나니 是故로 敎之以義方하여 弗納於邪하며 柔聲以諫하여 不使得罪於鄕黨州閭하나니 苟或父而不子其子하며 子而不父其父하면 其何以立於世乎리오.

雖然이나 天下에 無不是底父母라 父雖不慈나 子不可以不孝니 昔者에 大舜이 父頑母嚚하되 嘗欲殺舜이어늘 舜이 克諧以孝하여 烝烝乂不格姦하시니 孝子之道가 於斯에 至矣로다. 孔子曰 五刑之屬이 三千이로되 而罪가 莫大於不孝라 하시니라.

君臣有義

君臣은 天地之分이라 尊且貴焉하며 卑且賤焉하니 尊貴之
군신   천지지분   존차귀언   비차천언   존귀지
使卑賤과 卑賤之事尊貴는 天地之常經이며 古今之通義라.
사비천   비천지사존귀   천지지상경   고금지통의
是故로 君者는 體元而發號施令者也오 臣者는 調元而陳
시고   군자   체원이발호시령자야   신자   조원이진
善閉邪者也라.
선폐사자야
會遇之際에 各盡其道하여 同寅協恭하여 以臻至治하나니 苟或
회우지제   각진기도   동인협공   이진지치   구혹
君而不能盡君道하며 臣而不能修臣職이면 不可與共治天下
군이불능진군도   신이불능수신직   불가여공치천하
國家也니라.
국가야
雖然이나 吾君不能을 謂之賊이니 昔者에 商紂가 暴虐이어늘
수연   오군불능   위지적   석자   상주   포학
比干이 諫而死하니 忠臣之節이 於斯에 盡矣로다.
비간   간이사   충신지절   어사   진의
孔子曰 臣事君以忠이라 하시니라.
공자왈 신사군사충

字解

號_이름 호/ 명령, 부호// 부르다, 부르짖다, 명령을 내리다.
調_고를 조/ 조절하다, 헤아리다, 살피다.
陳_베풀 진/ 늘어놓다, 말하다.
遇_만날 우/ 조우하다, 예우하다, 대접하다// 때마침, 우연히.
際_즈음 제/ 끝, 가, 사이, 때// 만나다, 사귀다.
臻_이를 진/ 닿다, 도달하다.
寅_범 인/ 세째 지지 인// 공경하다.
協_화합할 협/ 돕다, 협력하다.
賊_도둑 적/ 역적// 도둑질하다, 해치다, 죽이다.
紂_껑거리끈 주/ 주임금 주.
虐_모질 학/ 사납다.
諫_간할 간/ 신하가 임금의 잘못을 고치도록 말하다.

文解

 임금과 신하는 하늘과 땅의 직분이라, 높고 귀한 자리가 있으며 낮고 천한 자리가 있으니, 존귀한 지위가 비천한 지위를 부리는 일과 비천한 신분이 존귀한 신분을 섬기는 일은 이 세상의 마땅한 도리이며 예나 지금이나 두루 통하는 정의다.
 그러므로 임금 구실은 최선의 도리를 체득해서 명령을 내려 시행하는 것이오, 신하 노릇은 최선의 도리를 살펴서 선한 일을 베풀어 그릇된 일을 막는 것이다. 임금과 신하가 한데 모여 만날 때에 각자 자기 도리를 다하여, 함께 공경하고 화합하며 공손하여, 지극한 정치에 이르러야 한다.
 만약 혹시라도 임금이면서 임금의 도리를 다할 수 없으며, 신하이면서 신하의 맡은 일을 처리할 수 없다면, 천하국가를 더불어 함께 다스려서는 안 된다. 비록 그러하나 우리 임금은 무능하다고 말하는 것을 일러 역적질이라고 하니, 옛날에 상나라 주왕이 잔인하고 난폭했는데, 비간이 주왕의 잘못을 고치도록 아뢰다가 죽었으니 충신의 절개가 이 정도에 이를 만큼 아주 대단했다.
 공자께서 말씀하시길 신하는 임금을 충성스러운 마음으로 섬겨야 한다고 하셨다.

漢字練習

號
이름 호

調
고를 조

陳
베풀 진

遇
만날 우

際
즈음 제

臻
이를 진

寅
범 인

漢字練習

協 화합할 협

賊 도둑 적

紂 주임금 주

虐 모질 학

諫 간할 간

文章練習

君臣은 天地之分이라 尊且貴焉하며 卑且賤焉하니 尊貴之使卑賤과 卑賤之事尊貴는 天地之常經이며 古今之通義라.

是故로 君者는 體元而發號施令者也오 臣者는 調元而陳善閉邪者也라.

會遇之際에 各盡其道하여 同寅協恭하여 以臻至治하나니 苟或君而不能盡君道하며 臣而不能修臣職이면 不可與共治天下國家也니라.

雖然이나 吾君不能을 謂之賊이니 昔者에 商紂가 暴虐이어늘 比干이 諫而死하니 忠臣之節이 於斯에 盡矣로다.

孔子曰 臣事君以忠이라 하시니라.

夫婦有別

夫婦는 二姓之合이라 生民之始며 萬福之原이니 行媒議婚
부부   이성지합   생민지시   만복지원   행매의혼
하며 納幣親迎者는 厚其別也라.
     납폐친영자   후기별야

是故로 娶妻하되 不娶同姓하며 爲宮室하되 辨內外하여 男子는
시고   취처   불취동성   위궁실   변내외   남자
居外而不言內하고 婦人은 居內而不言外하나라.
거외이불언내   부인   거내이불언외

苟能莊以涖之하여 以體乾健之道하고 柔以正之하여 以承
구능장이리지   이체건건지도   유이정지   이승
坤順之義면 則家道正矣어니와 反是하여 而夫不能專制하여
곤순지의   즉가도정의   반시   이부불능전제
御之不以其道하고 婦乘其夫하여 事之不以其義하여 昧三
어지불이기도   부승기부   사지불이기의   매삼
從之道하고 有七去之惡하면 則家道索矣니라.
종지도   유칠거지악   즉가도색의

須是夫敬其身하여 以帥其婦하고 婦敬其身하여 以承其夫하며
수시부경기신   이솔기부   부경기신   이승기부
內外和順하여야 父母가 其安樂之矣시리라.
내외화순   부모   기안락지의

昔者에 郤缺이 耨어늘 其妻가 饁之하되 敬하여 相待如賓하니
석자 극결   누   기처   엽지   경   상대여빈
夫婦之道는 當如是也니라.
부부지도   당여시야

子思曰 君子之道는 造端乎夫婦라 하시니라.
자사왈 군자지도   조단호부부

字解

姓_성씨 성/ 백성, 겨레.

媒_중매 매/ 매개// 중매하다, 매개하다.

幣_화폐 폐/ 비단, 폐백, 예물.

납폐納幣: 혼인할 때 신랑 집에서 신부 집에 보내는 예물.

친영親迎: 결혼 예식으로써, 신랑이 신부 집에 가서 친히 신부를 맞이하여 오는 일.

娶_장가들 취/ 아내를 맞다.

辨_분별할 변/ 나누다, 구분하다.

莊_씩씩할 장/ 장중하다, 풀이 무성하다// 별장, 영토.

涖_다다를 리/ 임하다, 직면하다.

乾_하늘 건/ 괘의 이름// 마르다, 건조하다.

健_굳셀 건/ 건강하다, 튼튼하다.

柔_부드러울 유/ 순하다, 여리다, 무르다.

專_오로지 전/ 오직, 홀로, 마음대로/ 제멋대로 하다, 독점하다.

乘_탈 승/ 오르다, 업신여기다/ 수레.

昧_어두울 매// 어둑새벽.

索_찾을 색/ 더듬다.

 _꼬다 삭/ 쓸쓸하다, 다하다// 새끼줄.

帥_장수 수/ 우두머리.

 _거느릴 솔/ 인도하다, 좇다, 따르다.

郤_ 틈 극/ 구멍.

缺_ 이지러질 결/ 없어지다, 모자라다.

극결郤缺: 중국 춘추시대 진晉나라 사람으로 성씨는 극, 이름이 결이다. 기冀땅에서 농사 짓고 살았고, 벼슬에 오른 뒤 공을 세워 기땅을 영지로 받았기 때문에 기결冀缺로도 불린다.

耨_ 김맬 누.

饁_ 들밥 엽/ 들밥 내가다, 점심 먹이다.

자사子思: 공자의 손자로 노魯나라 사람이다. 이름은 급伋, 자사는 자字. 공자에는 못 미치지만 그 다음 가는 4대 성인으로 안자, 자사, 증자, 맹자를 꼽는다.

文解

    부부는 두 성씨의 결합이라, 백성이 태어나게 되는 시초이며 온갖 복의 근원이니, 중매를 하여 혼사를 의논하며 신부 집으로 예물을 보내고 신랑이 신부 집에 가서 신부를 직접 맞이하는 일은, 그 특별함을 두터이 하기 위해서다.

    이러한 까닭으로 장가 들어 아내를 얻되 같은 성씨를 아내로 맞지 않으며, 집을 짓되 안과 밖을 구별하여 남편은 바깥채에 거처하여 안살림을 말하지 않고, 부인은 안채에 거처하여 바깥일을 말하지 않는다.

    정말로 남편이 씩씩한 몸가짐으로써 임하여 굳센 하늘의 도리를 체득하고, 아내는 부드러운 몸가짐으로써 올바르게 하여 유순한 땅의 도의를 받든다면 집안의 법도는 바로잡힐 것이지만, 이와 반대로 남편이 혼자서 결정할 수 없어 일을 다스려 나가는 것이 제대로 된 도리로써 하지 않고, 아내는 자기 남편을 업신여겨 섬기는 것이 제대로 된 의리로써 하지 않아 삼종의 도리에 어둡고 칠거에 속하는 악행이 있다면 집안의 법도는 다하게 될 것이다.

    모름지기 남편은 그 몸가짐을 조심하여 아내를 이끌고 아내는 그 몸가짐을 조심하여 남편을 따라야 하며 부부가 서로 뜻이 맞고 사이가 좋아야 부모님께서 편안하고 즐겁게 여기신다.

    옛날에 극결이 밭에서 김맬 때, 그의 아내가 들밥을 내왔는데, 공경하여 서로 손님을 대하듯이 하니 부부의 도리는 마땅히 이러해야 한다.

    자사께서 말씀하시길 군자의 도리는 부부 사이에서 비롯한다고 하셨다.

漢字練習

姓
성씨 성

媒
중매 매

幣
화폐 폐

娶
장가들 취

辨
분별할 변

莊
씩씩할 장

涖
다다를 리

漢字練習

乾
하늘 건

健
굳셀 건

柔
부드러울 유

專
오로지 전

乘
탈 승

昧
어두울 매

索
찾을 색

漢字練習

帥
장수 수

郤
틈 극

缺
이지러질 결

耨
김맬 누

饁
들밥 엽

文章練習

夫婦는 二姓之合이라 生民之始며 萬福之原이니 行媒議婚하며 納幣親迎者는 厚其別也라.

是故로 娶妻하되 不娶同姓하며 爲宮室하되 辨內外하여 男子는 居外而不言內하고 婦人은 居內而不言外하니라.

苟能莊以涖之하여 以體乾健之道하고 柔以正之하여 以承坤順之義면 則家道正矣어니와 反是하여 而夫不能專制하여 御之不以其道하고 婦乘其夫하여 事之不以其義하여 昧三從之道하고 有七去之惡하면 則家道索矣니라.

須是夫敬其身하여 以帥其婦하고 婦敬其身하여 以承

其夫하며 內外和順하여야 父母가 其安樂之矣시리라.

昔者에 郤缺이 耨어늘 其妻가 饁之하되 敬하여 相待

如賓하니 夫婦之道는 當如是也니라.

子思曰 君子之道는 造端乎夫婦라 하시니라.

長幼有序

長幼는 天倫之序라 兄之所以爲兄과 弟之所以爲弟는
장유 천륜지서 형지소이위형 제지소이위제
長幼之道의 所自出也라.
장유지도 소자출야

蓋宗族鄕黨에 皆有長幼하니 不可紊也라. 徐行後長者를
개종족향당 개유장유 불가문야 서행후장자
謂之弟요 疾行先長者를 謂之不弟니 是故로 年長以倍면 則
위지제 질행선장자 위지불제 시고 연장이배 즉
父事之하고 十年以長이면 則兄事之하며 五年以長이면 則肩
부사지 십년이장 즉형사지 오년이장 즉견
隨之니라.
수지

長慈幼하며 幼敬長然後에야 無侮少凌長之弊하여 而人道
장자유 유경장연후 무모소능장지폐 이인도
正矣리라.
정의

而況兄弟는 同氣之人이라 骨肉至親이니 尤當友愛요 不可
이황형제 동기지인 골육지친 우당우애 불가
藏怒宿怨하여 以敗天常也니라.
장노숙원 이패천상야

昔者에 司馬光이 與其兄伯康으로 友愛尤篤하여 敬之如嚴父
석자 사마광 여기형백강 우애우독 경지여엄부
하고 保之如嬰兒하니 兄弟之道가 當如是也니라.
보지여영아 형제지도 당여시야

孟子曰 孩提之童이 無不知愛其親이며 及其長也엔 無不
맹자왈 해제지동 무부지애기친 급기장야 무부

장유유서 63

知敬其兄也라 하시니라.
지 경 기 형 야

字解

천륜天倫: 부모형제 간에 마땅히 지켜야 할 도리. 또는 하늘의 인연으로써 부모와 자식 사이에, 형제 사이에 맺어진 그 혈연적 관계를 말한다.

소자출所自出: 어떤 사물이 나온 곳, 곧 그 출처나 근본을 말한다.

紊_ 어지러울 문/ 문란하다.

徐_ 천천히 할 서// 천천히.

疾_ 병 질/ 질병, 아픔, 괴로움// 앓다, 나쁘다, 빠르다.

倍_ 곱 배/ 갑절// 더하다, 많게 하다, 배반하다.

肩_ 어깨 견.

隨_ 따를 수// 좇다, 추종하다. 추구하다.

견수肩隨: 예를 차리는 뜻에서 윗사람과 걸을 때 조금 뒤쳐져 따라가는 행동.

侮_ 업신여길 모/ 깔보다.

陵_ 언덕 릉/ 무덤// 오르다, 업신여기다, 범하다, 짓밟다.

弊_ 폐단 폐/ 폐해, 해// 해지다, 나쁘다.

동기同氣: 한 부모 밑의 형제와 자매, 남매를 통틀어 이르는 말.

사마광司馬光: 북송北宋 때의 정치가이자 학자로 역사책, 〈자치통감資治通鑑〉을 저술했다.

伯_ 맏 백/ 첫// 큰아버지.

康_ 편안할 강/ 즐거워하다.

백강伯康: 사마광의 형인 사마단司馬旦의 자字.

尤_ 더욱 우/ 한층 더// 탓하다, 원망하다.

篤_도타울 독/ 도탑다, 진심되다, 견실하다, 단단하다.
嬰_어린아이 영/ 갓난아이.
孩_어린아이 해// (어린아이가) 웃다.
提_끌 제/ 이끌다, 끌어당기다, 손에 들다. 제시하다.
해제지동孩提之童: 방긋이 웃으며 이끌려 나온 아이란 뜻으로 나이가 적은 두세 살 어린애를 가리킨다.

文解

　어른과 어린이는 천륜의 차례라, 형이 형 되는 까닭과 동생이 동생 되는 까닭은, 어른과 아이의 도리가 나온 그 근본이 된다. 대체로 혈족과 향민에 모두 어른과 어린이가 있으니 이를 어지럽혀서는 안 된다.
　천천히 걸어 어른에 뒤서는 것을 일러 공손하다고 하고 빨리 걸어 어른에 앞서는 것을 공손하지 않다고 말하니, 그러므로 나이가 갑절 많으면 아버지 대하듯 섬기고, 열 살 많으면 형을 대하듯 섬기며, 다섯 살 많으면 어깨 너비만큼 뒤떨어져 따라간다.
　어른은 어린아이를 사랑하며 아이는 어른을 공경한 뒤에야, 젊은이를 깔보고 늙은이를 업신여기는 폐단이 없어져, 사람의 도리가 바르게 된다.
　하물며 형제는 한 부모에게서 난 사람이라 뼈와 살을 나눈 지극히 가까운 사이니 더욱 마땅히 우애해야 할 것이요, 노여움을 숨기거나 원망을 묵혀 하늘이 정한 인간의 도리를 망가뜨려서는 안 된다.
　옛날에 사마광이 그의 형 백강과 더불어 우애하는 일이 한층 더 도타워져, 형을 공경하기를 아버지처럼 하고 동생을 보호하기를 젖먹이처럼 하였으니, 형제의 도리는 마땅히 이러해야 한다.
　맹자께서 말씀하시길 두세 살배기 어린애도 제 부모 사랑하기를 모르지 않으며, 성장해서는 제 형 공경하기를 알지 못해선 안 된다고 하셨다.

漢字練習

紊
어지러울 문

徐
천천히 할 서

疾
병 질

倍
곱 배

肩
어깨 견

隨
따를 수

侮
업신여길 모

漢字練習

陵
언덕 릉

弊
폐단 폐

伯
맏 백

康
편안할 강

尤
더욱 우

篤
도타울 독

嬰
어린아이 영

漢字練習

孩							

어린아이 해

提							

끌 제

文章練習

長幼는 天倫之序라 兄之所以爲兄과 弟之所以爲弟는 長幼之道의 所自出也라. 蓋宗族鄕黨에 皆有長幼하니 不可紊也라. 徐行後長者를 謂之弟요 疾行先長者를 謂之不弟니 是故로 年長以倍면 則父事之하고 十年以長이면 則兄事之하며 五年以長이면 則肩隨之니라 長慈幼하며 幼敬長然後에야 無侮少凌長之弊하여 而人道正矣라. 而況兄弟는 同氣之人이라 骨肉至親이니 尤當友愛요 不可藏怒宿怨하여 以敗天常也니라.

昔者에 司馬光이 與其兄伯康으로 友愛尤篤하여

敬之如嚴父하고 保之如嬰兒하니 兄弟之道가

當如是也니라.

孟子曰 孩提之童이 無不知愛其親이며 及其長也엔

無不知敬其兄也라 하시니라.

朋友有信

朋友는 同類之人이라 益者가 三友요 損者가 三友니 友直하고 友諒하며 友多聞이면 益矣요 友便辟하며 友善柔하며 友便佞이면 損矣니라.

友也者는 友其德也라 自天子로 至於庶人이 未有不須友以成者니 其分이 若疎而其所關이 爲至親하니라.

是故로 取友를 必端人하며 擇友를 必勝己니 要當責善以信하며 切切偲偲하여 忠告而善道之하다가 不可則止니라.

苟或交遊之際에 不以切磋琢磨로 爲相與하고 但以歡狎戲謔으로 爲相親이면 則安能久而不疎乎리오.

昔者에 晏子가 與人交하되 久而敬之하니 朋友之道는 當如是也니라.

孔子曰 不信乎朋友면 不獲乎上矣리라.

信乎朋友 有道하니 不順乎親이면 不信乎朋友矣라 하시니라.

字解

諒_살펴 알 량/ 살피다, 믿다// 진실로, 참으로.

佞_아첨할 녕/ 간사하다.

疎_성길 소/성기다(물건 사이가 뜨다), 멀다, 멀리하다, 거칠다.

關_관계할 관/ 닫다, 가두다/ 관문, 세관, 빗장.

偲_굳셀 시/ 책선하다.

磋_갈 차/ 연마하다.

琢_다듬을 탁/ 쪼다, 닦다.

磨_갈 마/ 문지르다, 닳다.

절차탁마切磋琢磨:옥돌을 연마하여 빛나게 다듬듯이 학문이나 덕행, 인격을 갈고 닦는 것을 말한다.

歡_기쁠 환/ 좋아하다// 기쁨, 즐거움.

狎_익숙할 압/ 희롱하다, 업신여기다, 버릇없게 굴다.

戱_희롱할 희/ 놀다, 놀이하다// 놀이, 연극.

謔_희롱할 학/ 익살부리다, 농담하다// 희롱.

安_편안할 안// 의문사로써 '어찌'의 뜻으로 쓰인다.

晏_늦을 안/ 저물다, 편안하다.

안자晏子: 중국 춘추시대 제齊나라의 재상.

獲_얻을 획/ 얻어지다, 붙잡다.

文解

　　벗은 같은 무리의 사람이다. 유익한 벗이 세 종류가 있고 해로운 벗이 세 종류가 있으니, 벗이 정직하고, 벗이 믿음직스럽고, 벗이 보고 들은 것이 많으면 이롭고, 벗이 알랑거리며, 벗이 줏대 없으며, 벗이 입만 살아 있으면 해롭다.

　　벗한다는 말은 그 사람의 덕과 사귄다는 뜻이다. 천자로부터 서민에 이르기까지 모름지기 벗에 힘입지 않고 어른이 된 사람은 있지 않으니, 그 인연이 성긴 것 같으나 그 관계된 바는 아주 가까운 사이가 된다.

　　그러므로 벗 취하기를 반드시 단정한 사람으로 하며, 벗 택하기를 반드시 나보다 나은 사람으로 해야 하니, 꼭 서로 믿음으로써 착하고 좋은 일을 권하며, 정성껏 책선하여, 진심으로 친구의 잘못을 타일러서 올바르고 좋은 길로 이끌다가, 할 수 없으면 그만둔다.

　　진실로 서로 사귀어 놀 때에, 절차탁마로써 서로 함께하지 않고, 다만 즐거이 막되게 놀고 노닥거리는 것으로 서로 친하게 지낸다면, 어찌 오래 되어 멀어지지 않을 수 있겠는가?

　　옛날에 안자가 다른 사람과 사귀되 오래 되어도 그를 공경하니 벗의 도리는 마땅히 이러해야 한다.

　　공자께서 말씀하시길 친구한테 믿음을 사지 못한다면 윗사람에게도 믿음을 얻지 못한다.

　　벗에게 믿음을 사는 데 바른 도리가 있으니 부모에게 불순하면 친구한테도 불신을 산다고 하셨다.

漢字練習

諒
살펴 알 량

佞
아첨할 녕

疎
성길 소

關
관계할 관

偲
굳셀 시

磋
갈 차

琢
다듬을 **탁**

漢字練習

磨
갈 마

| 歡 |
기쁠 환

| 狎 |
익숙할 압

| 戱 |
희롱할 희

| 謔 |
희롱할 학

| 晏 |
늦을 안

| 獲 |
얻을 획

붕우유신

文章練習

朋友는 同類之人이라 益者가 三友요 損者가 三友니

友直하고 友諒하며 友多聞이면 益矣요 友便辟하며

友善柔하며 友便佞이면 損矣니라.

友也者는 友其德也라 自天子로 至於庶人이 未有

不須友以成者니 其分이 若疎而其所關이 爲至

親하니라.

是故로 取友를 必端人하며 擇友를 必勝己니 要當

責善以信하며 切切偲偲하여 忠告而善道之하다가

不可則止니라.

苟或交遊之際에 不以切磋琢磨로 爲相與하고

但以歡狎戲謔으로 爲相親이면 則安能久而不疎乎리오.

昔者에 晏子가 與人交하되 久而敬之하니 朋友之道는 當如是也니라.

孔子曰 不信乎朋友면 不獲乎上矣리라.

信乎朋友有道하니 不順乎親이면 不信乎朋友矣라 하시니라.

總論

此五品者는 天敍之典이니 而人理之所固有者라.
차오품자 천서지전 이인리지소고유자

人之行이 不外乎五者而唯孝爲百行之源이라.
인지행 불외호오자이유효위백행지원

是以로 孝子之事親也는 鷄初鳴이어든 咸盥漱하고 適父母
시이 효자지사친야 계초명 함관수 적부모

之所하여 下氣怡聲하여 問衣燠寒하며 問何食飮하며 冬溫
지소 하기이성 문의욱한 문하식음 동온

而夏凊하며 昏定而晨省하며 出必告하며 反必面하며 不遠遊하며
이하청 혼정이신성 출필고 반필면 불원유

遊必有方하며 不敢有其身하며 不敢私其財니라.
유필유방 불감유기신 불감사기재

父母愛之어시든 喜而不忘하며 惡之어시든 懼而無怨하며 有過
부모애지 희이불망 오지 구이무원 유과

어시든 諫而不逆하며 三諫而不聽이어시든 則號泣而隨之하되
간이불역 삼간이불청 즉호읍이수지

怒而撻之流血이라도 不敢疾怨이니라.
노이달지류혈 불감질원

居則致其敬하고 養則致其樂하고 病則致其憂하며 喪則致
거즉치기경 양즉치기락 병즉치기우 상즉치

其哀하며 祭則致其嚴이니라.
기애 제즉치기엄

字解

敍_펼 서/ 늘어서다// 순서, 차례.

인리人理: 사람으로서 마땅히 지켜야 할 도리.

咸_다 함/ 모두, 남김없이// 다하다.

盥_대야 관/ 씻다.

漱_양치질할 수.

適_맞을 적/ 마땅하다, 적합하다, 가다.

怡_기쁠 이/ 즐거워하다.

이성怡聲: 기쁜 목소리나 목소리를 부드럽게 내는 것을 말한다.

燠_따뜻할 욱/ 따뜻하게 하다.

혼정昏定: 밤에 부모의 잠자리를 돌봐드리는 일.

신성晨省: 아침 일찍 부모의 거처로 가서 밤새 안부를 살피는 일.

懼_두려워할 구// 두려움.

泣_울 읍/ 울리다, 울게 하다// 울음, 눈물.

撻_때릴 달/ 매질하다.

文解

　이 다섯 가지 윤리는 하늘이 펼친 법이니, 사람이 마땅히 지켜야 할 도리인지라 본디부터 갖춰져 있는 것이다.
　사람의 행실은 이 다섯 가지에서 벗어나지 않지만 오직 효만이 온갖 행실의 근원이 된다.
　이러한 까닭으로 효자가 부모 섬기는 일은, 닭이 맨처음 울 즈음 되거든, 모두 양치와 세수를 하고, 부모 계신 곳에 가서, 숨을 가라앉히고 목소리를 부드럽게 내어, 입고 계신 옷은 따뜻한지, 추운지를 여쭙으며, 무슨 음식을 드시고 싶은지 물으며, 겨울에는 따뜻하게 해드리고 여름에는 시원하게 해드리며, 밤엔 잠자리를 돌봐드리고 아침 일찍 안부를 살펴드리며, 외출할 때면 반드시 아뢰며, 돌아올 때면 반드시 얼굴을 마주하며, 멀리 놀러다니지 않으며, 놀러 가면 꼭 그 가는 곳을 알리며, 감히 제 몸을 자기 소유라고 여기지 않으며, 감히 자기 재물을 사사로이 여기지 않는다.
　부모가 사랑하시거든 기뻐하며 잊지 않으며, 미워하시거든 두려워하며 원망하지 말며, 허물이 있으시거든 그 잘못을 알려드리나 거스르지 않으며, 세 번 간하여 듣지 않으시거든 울부짖으면서 따르되 노여워하시며 매질을 하여 피를 흘리게 되더라도 감히 미워하거나 원망하지 않는다.
　부모가 계시면 그 공경을 다하고, 봉양하게 되면 그 즐거움을 다하고, 병들면 그 근심을 다하며, 상을 치르게 되면 그 슬픔을 다하며, 제사를 지내면 그 엄숙함을 다한다.

漢字練習

敍 펼 서

咸 다 함

盥 대야 관

漱 양치질할 수

適 맞을 적

怡 기쁠 이

燠 따뜻할 욱

漢字練習

| 懼 | | | | | | | | |

견줄 교

| 泣 | | | | | | | | |

울 읍

| 撻 | | | | | | | | |

때릴 달

文章練習

此五品者는 天敍之典이니 而人理之所固有者라. 人之行이 不外乎五者而唯孝爲百行之源이라. 是以로 孝子之事親也는 鷄初鳴이어든 咸盥漱하고 適父母之所하여 下氣怡聲하여 問衣燠寒하며 問何食飮하며 冬溫而夏凊하며 昏定而晨省하며 出必告하며 反必面하며 不遠遊하며 遊必有方하며 不敢有其身하며 不敢私其財니라 父母愛之어시든 喜而不忘하며 惡之어시든 懼而無怨하며 有過어시든 諫而不逆하며 三諫而不聽이어시든 則號泣而隨之하되 怒而撻之流血이라도 不敢疾怨이니라 居則致其敬하고 養則

致其樂하고 病則致其憂하며 喪則致其哀하며 祭則 致其嚴이니라.

若夫人子之不孝也는 不愛其親하고 而愛他人하며 不敬其
약부인자인불효야　불애기친　　이애타인　　　불경기

親하고 而敬他人하며 惰其四肢하여 不顧父母之養하며 博奕
친　　이경타인　　타기사지　　　불고부모지양　　박혁

好飮酒하여 不顧父母之養하며 好貨財하고 私妻子하여 不顧
호음주　　불고부모지양　　　호화재　　　사처자　　　불고

父母之養하며 從耳目之好하여 以爲父母戮하며 好勇鬪狠하여
부모지양　　종이목지호　　　이이부모륙　　　호용투한

以危父母하나니라.
이위부모

　　噫라 欲觀其人의 行之善不善이면 必先觀其人之孝不孝니
　　희　　욕관기인　　행지선불선　　　필선관기인지효불효

可不愼哉며 可不懼哉아. 苟能孝於其親이면 則推之於君臣
가불신재　　가불구재　　구능효어기친　　　즉추지어군신

也와 夫婦也와 長幼也와 朋友也에 何往而不可哉리오.
야　　부부야　　장유야　　붕우야　　하왕이불가재

　　然則孝之於人에 大矣로되 而亦非高遠難行之事也라.
　　연즉효지어인　　대의　　　이역비고원난행지사야

　　然이나 自非生知者면 必資學問而知之니 學問之道는 無他라.
　　연　　　자비생지자　　필자학문이지지　　학문지도　　무타

將欲通古今하며 達事理하여 存之於心하며 體之於身이니
장욕통고금　　　달사리　　　존지어심　　　체지어신

可不勉其學問之力哉아.
가불면기학문지력재

　　茲用摭其歷代要義하여 書之于左하노라.
　　자용척기력대요의　　　서지우좌

字解

惰_게으를 타// 게으름.

顧_돌아볼 고/ 생각하다, 돌보다, 보살피다.

博_넓을 박/ 깊다, 넓히다, 노름하다// 넓이, 노름.

奕_클 혁// 바둑.

戮_죽일 륙/ 욕되다, 욕보이다// 치욕, 죽음.

鬪_싸울 투/ 겨루다, 맞서다// 싸움.

狠_사나울 한/ (말과 행동이) 거칠다, (마음이) 삐뚤어지다.

資_재물 자/ 자본, 바탕, 도움// 돕다.

撫_주울 척/ 습득하다, 취取하다.

玆_이 자/ 이, 이에, 여기, 이때.

用_쓸 용/ 부리다, 일하다// 써(以와 같다).

文解

    사람의 자식이 불효한다는 것은, 제 부모를 사랑하지 않고 다른 사람을 사랑하며, 제 부모를 공경하지 않고 남을 공경하며, 제 사지를 게을리하여 부모의 공양을 돌보지 않으며, 노름하거나 바둑 두고 술 마시기 좋아하여 부모의 봉양을 돌보지 않으며, 재물을 좋아하고 처자식을 편애하여 부모의 공양을 돌보지 않으며, 눈 호강과 입 호강을 좇아서 부모를 욕되게 하며, 다투기 좋아하고 사납게 싸워서 부모를 위태롭게 하는 일이다.

    아아, 그 사람의 행실이 착한가, 착하지 않은가 살펴보고자 한다면, 반드시 먼저 그 사람이 효도하는지, 불효하는지 살펴보아야 하니, 삼가지 않으며 두려워하지 않을 수 있겠는가!

    정말로 제 부모에게 효도할 수 있다면, 이를 미루어 군신, 부부, 장유, 붕우의 관계에 대해서도 어디 가나 옳지 않겠는가. 그렇다면 사람에게서 효는 중요한 일이로되, 그래서 또 높고도 멀어 행하기 어려운 일은 아닌 것이다.

    그러하나 자기가 나면서부터 아는 사람이 아니라면, 반드시 학문에 도움받아 알게 되니 학문의 길은 다른 데 없다.

    과거와 현재, 일의 이치에 모두 통달하여 마음에 간직하며 몸에 체득하고자 하는 데 있으니, 그 학문을 위한 노력에 힘쓰지 않으랴!

    이로써 역대의 중요한 일들을 취하여 다음에 적어 놓는다.

漢字練習

惰 게으를 타

顧 돌아볼 고

博 넓을 박

奕 클 혁

戮 죽일 륙

鬪 싸울 투

狠 사나울 한

漢字練習

資 재물 자

摭 주울 척

玆 이 자

文章練習

若夫人子之不孝也는 不愛其親하고 而愛他人하며 不敬其親하고 而敬他人하며 惰其四肢하여 不顧父母之養하며 博奕好飮酒하여 不顧父母之養하며 好貨財하고 私妻子하여 不顧父母之養하며 從耳目之好하여 以爲父母戮하며 好勇鬪狠하여 以危父母하나니라.

噫라 欲觀其人의 行之善不善이면 必先觀其人之孝不孝니 可不愼哉며 可不懼哉아.

苟能孝於其親이면 則推之於君臣也와 夫婦也와 長幼也와 朋友也에 何往而不可哉리오.

然則孝之於人에 大矣로되 而亦非高遠難行之事也라.

然이나 自非生知者면 必資學問而知之니 學問之道는 無他라.

將欲通古今하며 達事理하여 存之於心하며 體之於身이니 可不勉其學問之力哉아.

玆用摭其歷代要義하여 書之于左하노라.

蓋自太極肇判하여 陰陽始分으로 五行이 相生하여 先有
개 자 태 극 조 판　　음 양 시 분　　오 행　　상 생　　선 유

理氣하니 人物之生이 林林總總이라.
리 기　　인 물 지 생　　임 림 총 총

於是에 聖人이 首出하여 繼天立極하시니 天皇氏와 地皇氏와
어 시　　성 인　　수 출　　계 천 립 극　　천 황 씨　　지 황 씨

人皇氏와 有巢氏와 燧人氏 是爲太古니 在書契以前이라 不可
인 황 씨　　유 소 씨　　수 인 씨　시 위 태 고'　재 서 계 이 전　　불 가

考로다.
고

伏羲氏는 始畫八卦하며 造書契하여 以代結繩之政하시고
복 희 씨　　시 획 팔 괘　　조 서 계　　이 대 결 승 지 정

神農氏作耒耜하며 制醫藥하시고 黃帝氏는 用干戈하고 作舟車
신 농 씨 작 뢰 사　　제 의 약　　황 제 씨　　용 간 과　　작 주 거

하며 造曆算하며 制音律하시니 是爲三皇이라. 至德之世라 無爲
　　　조 력 산　　제 음 률　　시 위 삼 황　　　지 덕 지 세　　무 위

而治하니라.
이 치

少昊와 顓頊과 帝嚳과 帝堯와 帝舜이 是爲五帝라 皐夔
소 호　　전 욱　　제 곡　　제 요　　제 순　시 위 오 제　　고 기

稷契이 佐堯舜하여 而堯舜之治가 卓冠百王이라.
직 설　　좌 요 순　　이 요 순 지 치　　탁 관 백 왕

孔子定書에 斷自唐虞하시니라.
공 자 정 서　　단 자 당 우

字解

임림총총林林總總: 많이 모여 빽빽하게 들어서 있는 모양.

燧_부싯돌 수/ 횃불, 봉화.

서계書契: 글자로 사물을 나타내는 부호.

羲_복희씨 희.

복희伏羲: 중국 상고시대 전설상의 제왕.

繩_노끈 승/ 줄, 먹줄.

결승結繩: 글자가 없던 시대에 매듭 문자를 뜻하며, 새끼줄 따위에 매듭을 지어 기호로 삼았다.

耜_보습 사/ 밭을 갈아 흙덩이를 일으키는 데 쓰는 농기구.

昊_하늘 호/ 밝다, 희다.

顓_오로지 전/ 성姓의 하나.

頊_삼갈 욱.

전욱顓頊: 중국 고대의 제왕.

嚳_고할 곡/ 아뢰다.

제곡帝嚳: 중국 고대 전설상의 제왕.

皐_언덕 고/ 늪, 못, 논, 물가.

夔_조심할 기/ 뛰다// 두려워하여 삼가는 모양.

卓_높을 탁/ 멀다, 높이 세우다, 뛰어나다.

虞_염려할 우/ 근심하다// 나라 이름, 순이름의 성.

당우唐虞: 도당씨陶唐氏 요임금과 유우씨有虞氏 순임금을 아울러 말한다.

文解

    태극이 맨처음 쪼개져 음과 양으로 비로소 나뉜 때로부터 오행이 상생하여 먼저 이理와 기氣가 있었으니, 사람과 물건의 생성이 아주 많았다.
    이에 성인이 처음으로 나와서 하늘의 뜻을 이어 임금의 자리에 섰으니, 천황씨, 지황씨, 인황씨, 유소씨, 수인씨, 이들이 태고의 제왕들이다. 이때는 문자가 있기 이전의 시대라 깊이 살펴볼 수 없다.
    복희씨가 팔괘를 맨처음 그리며 문자를 지어, 매듭 문자로 행해진 정사政事를 대체하시고, 신농씨는 쟁기와 보습을 만들며 의약을 제조하시고, 황제씨는 방패와 창을 사용하고 배와 수레를 제작하며 책력과 산술을 만들며 음률을 제정하시니, 이분들이 삼황이 된다. 이때는 지극한 덕의 시대라 인위적으로 하는 일 없이도 다스려졌다.
    소호, 전욱, 제곡, 요임금, 순임금, 이분들은 오제가 된다. 고, 기, 직, 설이 요순을 도와 요순의 치세는 모든 왕의 으뜸이 되었다.
    공자께서 서경을 작정作定하실 적에 요순 이전은 끊어내고 당우로부터 시작하셨다.

漢字練習

總 다 총

燧 부싯돌 수

羲 복희씨 희

繩 노끈 승

耜 보습 사

昊 하늘 호

顓 오로지 전

漢字練習

頊
삼갈 욱

嚳
고할 곡

皐
언덕 고

夔
조심할 기

卓
높을 탁

虞
염려할 우

文章練習

蓋自太極肇判하여 陰陽始分으로 五行이 相生하여 先有理氣하니 人物之生이 林林總總이라.

於是에 聖人이 首出하여 繼天立極하시니 天皇氏와 地皇氏와 人皇氏와 有巢氏와 燧人氏 是爲太古니 在書契以前이라 不可考로다.

伏羲氏는 始畫八卦하며 造書契하여 以代結繩之政하시고 神農氏는 作耒耜하며 制醫藥하시고 黃帝氏는 用干戈하고 作舟車하며 造曆算하며 制音律하시니 是爲三皇이라.

至德之世라 無爲而治하니라.

少昊와 顓頊과 帝嚳과 帝堯와 帝舜이 是爲五帝라

皐夔稷契이 佐堯舜하여 而堯舜之治가 卓冠百王이라.

孔子定書에 斷自唐虞하시니라.

夏禹와 商湯과 周文王武王은 是爲三王이니 歷年이 或四百
하우　　상탕　　주문왕무왕　　시위삼왕　　　역년　　혹사백

이오 或六百이며 或八百이라.
　　　혹육백　　혹팔백

三代之隆을 後世莫及이며 而商之伊尹傅說과 周之周公
삼대지륭　　후세막급　　이상지이윤부열　　　주지주공

召公은 皆賢臣也라. 周公이 制禮作樂하여 典章法度가 粲然極
소공　　개현신야　　주공　　제례작악　　　전장법도　　찬연극

備하더니 及其衰也에 五覇가 摟諸侯하여 以匡王室하니 若齊
비　　　　급기쇠야　　오패　　루제후　　　이광왕실　　　약제

桓公과 晉文公과 宋襄公과 秦穆公과 楚莊王이 迭主夏盟하니
환공　　진문공　　송양공　　진목공　　초장왕　　질주하맹

王靈이 不振하니라.
왕령　　부진

孔子以天縱之聖으로 轍環天下하시되 道不得行于世하여
공자이천종지성　　　철환천하　　　　도부득행우세

刪詩書하시고 定禮樂하시고 贊周易하시며 修春秋하사 繼往聖
산시서　　　　정례악　　　　찬주역　　　　수춘추　　　계왕성

開來學하시고 而傳其道者는 顔子曾子니 事在論語라.
개래학　　　　이전기도자　　안자증자　　사재론어

曾子之門人이 述大學하니라.
증자지문인　　술대학

字解

傅_스승 부/ 증서, 수표// 돌보다, 보좌하다.
說_말씀 설/ 말하다, 이야기하다.
　_달랠 세/ 유세하다.
　_기뻐할 열/ 즐거워하다, 즐기다.
召_부를 소/ 불러들이다, 알리다.
粲_정미 찬/ 벼를 찧어 만든 흰쌀, 밥/ 밝다, 환하다.
衰_쇠할 쇠/ 약하다.
摟_끌어모을 루/ 끌어 안다, 유인하다.
匡_바를 광/ 바로잡다.
桓_굳셀 환/ 크다// 푯말.
晉_나아갈 진// 나라 이름.
襄_도울 양/ 오르다.
秦_성씨 진/ 나라 이름.
穆_화목할 목/ 온화하다, 아름답다.
迭_번갈아들 질// 번갈아.
夏_여름 하/ 중국, 중국 사람// 夏는 본래 중국 한족의 원류인 화하족華夏族을 뜻하는 글자였으며, 또 중국의 고대 왕조인 하나라를 중국의 시초로 보기 때문에, 夏자가 중국이나 중국인을 가리키게 되었다.
盟_맹세 맹/ 약속/ 비슷한 사람끼리의 모임.
振_떨칠 진/ 진동하다.

縱_세로 종/ 놓아주다, 방임하다.

轍_바퀴 자국 철/ 차도, 흔적, 행적.

環_고리 환/ 둥근 옥, 둘레// 돌다, 선회하다, 두르다.

刪_깎을 산/ 덜다, 제하다, 삭제하다.

贊_도울 찬/ 밝히다, 알리다// 讚(기릴 찬/ 기록하다, 적다)과 동의어.

文解

  하나라 우왕, 상나라 탕왕, 주나라 문왕·무왕, 이분들이 삼왕 되시니 한 왕조의 햇수는 어떤 경우엔 400년이며 혹은 600년이며, 또는 800년이었다.
  이 삼대의 융성함을 후세는 미치지 못하며, 상나라의 이윤, 부열과 주나라의 주공, 소공이 모두 어진 신하였다. 주공이 예법을 만들고 음악을 지어 제도와 문물, 법도가 찬연스럽게 아주 잘 갖춰졌다.
  마침내 주나라가 쇠락하자 오패가 제후들을 끌어모아 왕실을 바로잡았으니, 제환공, 진문공, 송양공, 진목공, 초장왕이 번갈아 가며 제후 동맹을 주도하였으므로, 왕실의 위세가 떨쳐지지 못했다.
  공자는 하늘이 내신 성인으로 수레를 타고 천하를 돌아다니셨으나 도를 세상에 펼칠 수 없어, 시경과 서경을 작정作定하시며, 예법과 음악을 바로잡으시며, 〈주역〉을 쓰셨으며, 〈춘추〉를 정리하셔서, 이미 지나간 성인을 계승하고 앞으로 다가올 후학을 열어주셨고, 그 도를 전해 받은 분이 안자와 증자이니, 그 사실이 〈논어〉에 있다.
  증자의 문인이 〈대학〉을 저술하였다.

漢字練習

傅 스승 부

召 부를 소

粲 정미 찬

衰 쇠할 쇠

摟 끌어모을 루

匡 바를 광

桓 굳셀 환

漢字練習

晉
나아갈 진

襄
도울 양

秦
성씨 진

穆
화목할 목

迭
번갈아들 질

盟
맹세 맹

振
떨칠 진

漢字練習

縱 세로 종

轍 바퀴 자국 철

環 고리 환

刪 깎을 산

贊 도울 찬

文章練習

夏禹와 商湯과 周文王武王은 是爲三王이니 歷年이 或四百이오 或六百이며 或八百이라.

三代之隆을 後世莫及이며 而商之伊尹傅說과 周之周公召公은 皆賢臣也라.

周公이 制禮作樂하여 典章法度가 粲然極備하더니 及其衰也에 五覇가 摟諸侯하여 以匡王室하니 若齊桓公과 晉文公과 宋襄公과 秦穆公과 楚莊王이 迭主夏盟하니 王靈이 不振하니라.

孔子以天縱之聖으로 轍環天下하시되 道不得行于世하여 刪詩書하시고 定禮樂하시고 贊周易하시며 修春秋

하사 繼往聖開來學하시고 而傳其道者는 顏子曾子니 事在論語라.

曾子之門人이 述大學하니라.

列國은 則曰魯와 曰衛와 曰晉과 曰鄭과 曰曹와 曰蔡와
열국   즉왈노   왈위   왈진   왈정   왈조   왈채
曰燕과 曰吳와 曰齊와 曰宋과 曰陳과 曰楚와 曰秦이니 干戈
왈연   왈오   왈제   왈송   왈진   왈초   왈진   간과
日尋하여 戰爭不息하다가 遂爲戰國하니 秦楚燕齊韓魏趙를
일심   전쟁불식   수위전국   진초연제한위조
是謂七雄이라.
시위칠웅

孔子之孫子思가 生斯時하여 作中庸하시고 其門人之弟
공자지손자사 생사시   작중용   기문인지제
孟軻가 陳王道於齊梁하시되 道又不行하니 作孟子七篇하다 而
맹가 진왕도어제량   도우불행   작맹자칠편   이
異端縱橫功利之說이 盛行하여 吾道不傳하니라.
이단종횡공리지설 성행   오도부전

及秦始皇이 吞二周하고 滅六國하며 廢封建하고 爲郡縣하며
급진시황 탄이주   멸육국   폐봉건   위군현
焚詩書하고 坑儒生하더니 二世而亡하니라.
분시서   갱유생   이세이망

漢高祖가 起布衣成帝業하여 歷年이 四百하되 在明帝時에
한고조 기포의성제업   역년   사백   재명제시
西域佛法이 始通中國하여 惑世誣民하니라.
서역불법 시통중국   혹세무민

蜀漢과 吳와 魏의 三國이 鼎峙하니 而諸葛亮이 仗義扶漢
촉한   오 위 삼국   정치   이제갈량   장의부한
하다가 病卒軍中하니라.
      병졸군중

晉有天下에 歷年이 百餘하되 五胡亂華하니 宋齊梁陳에 南北
진유천하 역년   백여   오호난화   송제량진   남북
分裂하더니 隋能混一하여 歷年三十이라.
분렬   수능혼일   역년삼십

唐高祖와 太宗이 乘隋室亂하여 化家爲國하여 歷年三百
당고조   태종   승수실란   화가위국   역년삼백
이니라.

後梁과 後唐과 後晉과 後漢과 後周가 是爲五季니 朝得暮
후량   후당   후진   후한   후주   시위오계   조득모
失하여 大亂이 極矣라.
실   대란   극의

字解

열국列國: 주나라에 조공을 바쳤던 여러 제후국들을 말한다.

魯_ 노나라 노// 미련하다, 노둔하다.

衛_ 지킬 위/ 막다, 호위하다// 나라 이름.

鄭_ 정나라 정/ 성씨 이름.

曹_ 성씨 조/ 무리, 마을.

蔡_ 성씨 채/ 나라 이름.

燕_ 제비 연/ 잔치, 향연, 나라 이름.

吳_ 성씨 오/ 나라 이름.

尋_ 찾을 심/ 치다, 토벌하다.

魏_ 나라 이름 위/ 성씨 이름.

趙_ 나라 이름 조/ 성씨 이름.

雄_ 수컷 웅/ 두목// 굳세다, 씩씩하다, 용감하다.

軻_ 수레 가/ 맹자의 이름.

종횡縱橫: 중국 전국 시대에서, 열국 사이의 외교 전술로써 합종과 연횡을 도모했는데, 이를 주장한 사람들을 종횡가라고 일컫는다.

吞_ 삼킬 탄.

이주二周: 주나라의 수도가 호경鎬京에 있을 때를 서주西周, 낙양洛陽에 있을 때를 동주東周라고 부른다.

焚_ 불사를 분/ 불태우다.

坑_ 구덩이 갱/ 갱도// (구덩이에) 묻다.

포의布衣: 베옷으로, 벼슬이 없는 선비를 뜻한다.

誣_ 속일 무/ 왜곡하다, 비방하다.

蜀_ 나라 이름 촉.

鼎_ 솥 정/ 점괘, 삼공三公(중국에서 천자를 보좌하는, 최고의 세 벼슬. 조선에서는 삼정승)의 자리.

峙_ 언덕 치/ 고개, 재// 머물다, 믿다, 의지하다.

葛_ 칡 갈/ 나라 이름, 성씨.

亮_ 밝을 량/ 환하다, 빛나다, 돕다.

仗_ 의장 장/ 의장(왕이 행차할 때 그 위엄을 드러내기 위해 격식을 갖춰 세우는 병장기), 지팡이, 창이나 칼 같은 무기// 의지하다, 기대다, 지키다, 호위하다.

扶_ 도울 부/ 부축하다, 붙들다.

군중軍中: 출정하여 싸움터에 나가 있는 동안을 뜻한다.

오호五胡: 중국의 한나라와 진나라 때, 서북방으로부터 중국 본토에 옮겨간 다섯 민족, 흉노족, 갈족, 선비족, 저족, 강족을 가리킨다.

裂_ 찢을 렬/ 쪼개다, 터지다.

混_ 섞을 혼/ 뒤섞다, 합하다, 흐리다, 혼탁하다.

화가위국化家爲國: 집안이 변하여 나라가 된다는 뜻으로, 곧 새 왕조를 세운 일을 가리킨다.

文解

 열국은 곧 노나라, 위나라, 진나라, 정나라, 조나라, 채나라, 연나라, 오나라, 송나라, 진나라, 초나라, 진나라이니, 무력으로 날마다 공격하여 전쟁이 쉬지 않다가 마침내 전국시대가 되었는데, 진나라, 초나라, 연나라, 제나라, 한나라, 위나라, 조나라를 칠웅이라고 부른다.
 공자의 손자인 자사가 이 시기에 나와서 〈중용〉을 지으셨고, 그 문인의 제자인 맹가가 제나라와 양나라에서 왕도를 펼쳤으되, 도가 또 행해지지 않으니 〈맹자〉 칠편을 쓰셨다. 그런데 이단과 종횡과 공리의 학설이 성행하여 우리의 도가 전해지지 않았다.
 진시황에 이르러 서주와 동주를 병탄하고 여섯 나라를 멸망시키며, 봉건제를 버리고, 군현제를 만들며, 시서를 불사르고 유생을 구덩이에 묻더니, 다음 세대에 망하였다.
 한나라 고조가 포의의 몸을 일으켜 황제의 위업을 이루시어 나라의 햇수가 사백 년이었으되, 명제 때에 서역의 불교가 맨처음 중국에 알려져 세상을 어지럽히고 백성을 속였다.
 촉한과 오와 위의 세 나라가 솥에 달릴 세 개의 발처럼 서로 맞서서 버티고 있었으니 제갈량이 의리를 지켜 한나라를 부지하다가, 병들어 싸움터에서 죽었다.
 진나라가 천하를 차지해서, 나라의 햇수가 100여 년에 이르렀으되, 오호가 중국 본토를 어지럽히니 송나라, 제나라, 양나라, 진나라 때에 남북으로 찢어져 나뉘었는데, 수나라가 하나로 합칠 수 있어 이 나라의 햇수가 삼십 년이었다.
 당고조와 태종이 수나라 왕실의 혼란에 편승해 새 왕조를 세워 이 나라의 햇수가 삼백 년이었다.
 후량, 후당, 후진, 후한, 후주, 이 나라들은 오계가 되니 아침에 나라를 얻었다가 저녁에 잃어 큰 난리가 아주 심했다.

漢字練習

魯
노나라 노

衛
지킬 위

鄭
정나라 정

曹
성씨 조

蔡
성씨 채

燕
제비 연

吳
성씨 오

漢字練習

尋
찾을 심

魏
나라 이름 위

趙
나라 이름 조

雄
수컷 웅

軻
수레 가

吞
삼킬 탄

焚
불사를 분

漢字練習

坑
구덩이 갱

誣
속일 무

蜀
나라 이름 촉

鼎
솥 정

峙
언덕 치

葛
칡 갈

亮
밝을 량

漢字練習

仗
의장 장

扶
도울 부

裂
찢을 렬

混
섞을 혼

文章練習

列國은 則曰魯와 曰衛와 曰晉과 曰鄭과 曰曹와 曰蔡와 曰燕과 曰吳와 曰齊와 曰宋과 曰陳과 曰楚와 曰秦이니 干戈日尋하여 戰爭不息하다가 遂爲戰國하니 秦楚燕齊韓魏趙를 是謂七雄이라.

孔子之孫子思가 生斯時하여 作中庸하시고 其門人之弟孟軻가 陳王道於齊梁하시되 道又不行하니 作孟子七篇하다 而異端縱橫功利之說이 盛行하여 吾道不傳하니라.

及秦始皇이 呑二周하고 滅六國하며 廢封建하고 爲郡縣하며 焚詩書하고 坑儒生하더니 二世而亡하니라.

漢高祖가 起布衣成帝業하여 歷年이 四百하되 在明帝時에 西域佛法이 始通中國하여 惑世誣民하니라.

蜀漢과 吳와 魏의 三國이 鼎峙하니 而諸葛亮이 仗義扶漢하다가 病卒軍中하니라.

晉有天下에 歷年이 百餘하되 五胡亂華하니 宋齊梁陳에 南北分裂하더니 隋能混一하여 歷年三十이라.

唐高祖와 太宗이 乘隋室亂하여 化家爲國하여 歷年三百이니라.

後梁과 後唐과 後晉과 後漢과 後周가 是爲五季니 朝得暮失하여 大亂이 極矣라.

宋太祖立國之初에 五星이 聚奎하더니 濂洛關閩의 諸賢이
송 태 조 입 국 지 초   오 성   취 규   염 락 관 민   제 현

輩出하여 若周敦頤와 程顥와 程頤와 司馬光과 張載와 邵雍과
배 출   개 주 돈 이   정 호   정 이   사 마 광   장 재   소 옹

朱熹가 相繼而起하여 以闡明斯道로 爲己任하되 身且不得見
주 희   상 계 이 기   이 천 명 사 도   위 기 임   신 차 부 득 견

容하고 而朱子는 集諸家說하여 註四書五經하시니 其有功於
용   이 주 자   집 제 가 설   주 사 서 오 경   기 유 공 어

學者가 大矣로다.
학 자   대 의

然而國勢不競하여 歷年三百에 契丹과 蒙古와 遼와 金이 迭爲
연 이 국 세 불 경   역 년 삼 백   글 안   몽 고   요   금   질 위

侵軼하여 而及其垂亡하더니 文天祥이 竭忠報宋하다가 竟死
침 일   이 급 기 수 망   문 천 상   갈 충 보 송   경 사

燕獄하니라.
연 옥

胡元이 滅宋하고 混一區宇하여 綿歷百年이라 夷狄之盛이
호 원   멸 송   혼 일 구 우   면 력 백 년   이 적 지 성

未有若此者也로다.
미 유 약 차 자 야

天厭穢德하여 大明이 中天하사 聖繼神承하시니 於千萬年
천 염 예 덕   대 명   중 천   성 계 신 승   어 천 만 년

이로다.

嗚呼라 三綱五常之道는 與天地로 相終始하니 三代以前
오 호   삼 강 오 상 지 도   여 천 지   상 종 시   삼 대 이 전

에는 聖帝明王과 賢相良佐가 相與講明之故로 治日이 常多하고
       성 제 명 왕   현 상 량 좌   상 여 강 명 지 고   치 일   상 다

亂日이 常少하더니 三代以後에는 庸君暗主와 亂臣賊子가 相與
난 일   상 소   삼 대 이 후   용 군 암 주   난 신 적 자   상 여

敗壞之故로 亂日이 常多하고 治日이 常少하니 其所以世之
패괴지고　난일　　상다　　치일　　상소　　기소이세지

治亂安危와 國之興廢存亡이 皆由於人倫之明不明如何耳라
치란안위　　국지흥폐존망　　개유어인륜지명불명여하이

可不察哉아.
가불찰재

字解

오성五星: 수성, 금성, 화성, 목성, 토성을 가리킨다.

聚_모을 취/ 모이다, 쌓다, 함께하다.

奎_별 규/ 글, 문장// 별자리 28수 가운데 서쪽의 첫째 별자리를 이른다.

濂_물 이름 렴/ 도랑물.

洛_물 이름 락/ 서울, 수도의 이름.

閩_종족 이름 민/ 오랑캐의 이름.

염락관민濂洛關閩輩: 중국 송나라 때의 유학자인 주돈이, 정호와 정이 형제, 장재, 주희 등 그 출신지인 염계, 낙양, 관중, 민중의 이름을 따서 붙인 것이다.

敦_도타울 돈/ 힘쓰다, 노력하다.

頤_턱 이/ 아래턱.

顥_클 호/ 넓다, 빛나다.

邵_땅 이름 소/ 성씨의 이름.

雍_화할 옹/ 화목하다, 기뻐하다, 껴안다.

熹_빛날 희/ 환하다, 밝다.

주돈이周敦頤: 송나라 유학자. 성리학의 개조로서 〈태극도설太極圖說〉과 〈통서通書〉 등을 저술했다. 정호, 정이 형제는 그의 제자였고, 만년에 염계에서 가르쳐서 염계 선생으로 불리웠다.

정호程顥: 송나라 유학자로 자字는 백순伯淳. 동생 정이와 함께 성리학을 크게 발전시켰다. 후세 사람 서필달徐必達이 그의 유고와 정이의 글을 함께 엮어 〈이정전서二程全書〉를 편찬했다.

정이程頤: 주요 저서로는 〈역전易傳〉, 〈춘추전春秋傳〉, 〈어록語錄〉 등이 있다.

장재張載: 자字는 자후子厚. 〈정몽正蒙〉이 유명하다.

소옹邵雍: 자字는 요부堯夫. 강절康節은 그의 시호로써 소강절로 불리기도 한다. 〈황극경세皇極經世〉, 〈어초문답漁樵問答〉 등의 저서가 있다.

주희朱熹: 주자로도 불린다. 성리학을 집대성하여 방대한 사상체계를 세웠기 때문에 그의 학문을 주자학으로 부른다. 〈사서집주四書集註〉, 〈시집전詩集傳〉, 〈근사록近思錄〉, 〈주역본의周易本義〉, 〈자치통감강목資治通鑑綱目〉 등을 저술하였다.

闡_밝힐 천/ 밝혀지다, 분명히 하다.

註_글 뜻 풀 주/ 뜻을 풀어 밝히다, 주를 내다// 주, 주해, 해석.

競_다툴 경/ 겨루다, 굳세다, 성盛하다.

契_맺을 결/ 약속하다, 새기다 // 약속, 계약.

   _부족 이름 글.

   _사람 이름 설.

글단契丹: '거란'의 원말.

遼_멀 료/ 늦추다, 느슨하게 하다// 요나라.

軼_앞지를 일/ 뛰어나다, 범犯하다.

   _번갈아들 질// 迭과 같다.

문천상文天祥: 중국 남송시대의 학자, 충신 자字는 송서宋瑞, 저서로는 〈文山集〉이 있다.

胡_오랑캐 이름 호/ 구렛나룻, 수염, 턱 밑 살.

區_구분할 구/ 경계.

구우區宇: 구역區域과 같은 뜻으로, 여러 나라들로 갈라져 있는 천하를

비유한다.

綿_솜 면// 이어지다.

厭_싫어할 염/ 물리다.

穢_더러울 예/ 더럽히다.

講_외울 강/ 배우다, 익히다, 연구하다// 강의, 강론.

壞_무너질 괴/ 무너뜨리다, 허물어지다, 파괴하다.

文解

　송나라 태조가 나라를 세운 초기에 다섯 개의 별이 규 별자리에 모이더니, 염계, 낙양, 관중, 민중에서 여러 현인이 잇따라 나오게 되어, 주돈이, 정호와 정이, 사마광, 장재, 소옹, 주희가 서로 뒤를 이어 나와서, 이 유학의 도를 드러내어 밝히는 일로써 자기 임무를 삼았으되 그 자신이 무엇보다 먼저 세상에 받아들여지지 못했고, 주자는 여러 대가의 학설을 모아 사서오경을 주해하셨으니, 학자에게 끼친 그 공적은 위대하였다.

　그러나 나라의 형편이 강성하지 못하여 나라의 햇수 삼백 년에 거란과 몽고와 요와 금이 번갈아 침범하게 되어 마침내 망하기에 이르더니, 문천상이 충성을 다하여 송나라에 보답하다가, 결국 연경의 감옥에서 죽었다.

　오랑캐 원나라가 송나라를 멸망시키고 분열된 천하를 통일하여 면면히 백 년을 이어갔다. 오랑캐가 성한 것이 이와 같은 때는 아직 없었다.

　하늘이 더러운 덕을 싫어하여, 위대한 명나라가 하늘의 뜻에 부합해서 훌륭한 임금의 자손이 이어 나가시니 아아, 천년 만년 가리로다.

　아!

　삼강오륜의 도리는 하늘과 땅과 더불어 그 시작과 끝을 함께하니, 삼대 이전에는 성스러운 황제, 현명한 왕과 어진 재상과 보필하는 충성스러운 신하가 서로 함께 이 도리를 연구하여 밝혔던 까닭에 다스려진 날이 늘 많았고 어지러운 날이 늘 적었는데, 삼대 이후에는 어리석고 어두운 군주와 나라를 어지럽히는 신하와 부모에게 불효하는 자식이 서로 함께 이 도리를 부수어 무너뜨렸기 때문에, 어지러운 날이 항상 많고 다스려진 날이 항상 적었다.

　세상이 잘 다스려지는가, 어지러운가, 편안한가, 위태로운가는, 나라가

잘돼서 흥하는가, 못돼서 망하는가, 존속하는가, 멸망하는가는 그 이유가 모두 인륜이 분명한가 그렇지 않은가 여하에 말미암은지라 살피지 않을 수 있겠는가!

漢字練習

聚 모을 취

奎 별 규

濂 물 이름 렴

洛 물 이름 락

閩 종족 이름 민

敦 도타울 돈

頤 턱 이

漢字練習

顥 클 호

邵 땅 이름 소

雍 화할 옹

熹 빛날 희

闡 밝힐 천

註 글 뜻 풀 주

競 다툴 경

漢字練習

契 맺을 결

遼 멀 료

軼 앞지를 일

厭 싫어할 염

穢 더러울 예

講 외울 강

壞 무너질 괴

文章練習

宋太祖立國之初에 五星이 聚奎하더니 濂洛關閩의 諸賢이 輩出하여 若周敦頤와 程顥와 程頤와 司馬光과 張載와 邵雍과 朱熹가 相繼而起하여 以闡明斯道로 爲己任하되 身且不得見容하고 而朱子는 集諸家說하여 註四書五經하시니 其有功於學者가 大矣로다.

然而國勢不競하여 歷年三百에 契丹과 蒙古와 遼와 金이 迭爲侵軼하여 而及其垂亡하더니 文天祥이 竭忠報宋하다가 竟死燕獄하니라.

胡元이 滅宋하고 混一區宇하여 綿歷百年이라 夷狄之盛이 未有若此者也로다.

天厭穢德하여 大明이 中天하사 聖繼神承하시니 於千萬年이로다.

嗚呼라 三綱五常之道는 與天地로 相終始하니 三代以前에는 聖帝明王과 賢相良佐가 相與講明之故로 治日이 常多하고 亂日이 常少하더니 三代以後에는 庸君暗主와 亂臣賊子가 相與敗壞之故로 亂日이 常多하고 治日이 常少하니 其所以世之治亂安危와 國之興廢存亡이 皆由於人倫之明不明如何耳라 可不察哉아.

東方에 初無君長하더니 有神人이 降于太白山檀木下어늘
동방　　초무군장　　　　유신인　　강우태백산단목하

國人이 立以爲君하니 與堯로 竝立하여 國號를 朝鮮이라 하니 是爲
국인　입이위군　　　여요　병립　　　국호　조선　　　　시위

檀君이라.
단군

周武王이 封箕子于朝鮮하니 敎民禮義하고 設八條之敎하시니
주무왕　봉기자우조선　　　교민례의　　　설팔조지교

有仁賢之化더라.
유인현지화

燕人衛滿이 因盧綰亂하여 亡命來하여 誘逐箕準하고 據
연인위만　　인로관란　　　망명래　　　유축기준　　　거

王儉城하더니 至孫右渠하여 漢武帝討滅之하고 分其地하여
왕검성　　　　지손우거　　　한무제토멸지　　　　분기지

置樂浪臨屯玄菟眞蕃四郡하다 昭帝가 以平那玄菟로 爲平州
치락랑림둔현도진번사군　　　 소제　 이평나현도　　 위평주

하고 臨屯樂浪으로 爲東府二都督府하다 箕準이 避衛滿하여
　　　임둔락랑　　　위동부이도독부　　　기준　　피위만

浮海而南하여 居金馬郡하니 是爲馬韓이라.
부해이남　　　거금마군　　　시위마한

秦亡人이 避入韓이어늘 韓이 割東界以與하니 是爲辰韓이라.
진망인　　피입한　　　　한　　할동계이여　　　시위진한

弁韓則立國於韓地하니 不知其始祖年代라 是爲三韓이라.
변한즉립국어한지　　　부지기시조년대　　　이위삼한

新羅始祖赫居世는 都辰韓地하여 以朴으로 爲姓하고 高句麗
신라시조혁거세　　도진한야　　　이박　　　위성　　　고구려

始祖朱蒙은 至卒本하여 自稱高辛之後하여 因姓高하고 百濟
시조주몽　　지졸본　　　자칭고신지후　　　인성고　　　백제

始祖溫祚는 都河南慰禮城하고 以扶餘로 爲氏하여 三國이 各保
시조온조　　도하남위례성　　　이부여　　위씨　　　삼국　각보

一隅하여 互相侵伐하더니 其後에 唐高宗이 滅百濟高句麗하고
일 우   호상침벌   기후   당고종   멸백제고구려

分其地하여 置都督府하고 以劉仁願薛仁貴로 留鎭撫之하니
분 기 지   치 도 독 부   이 류 인 원 설 인 귀   유 진 무 지

百濟는 歷年이 六百七十八年이고 高句麗는 七百五年이라.
백 제   역 년   육 백 칠 십 팔 년   고 구 려   칠 백 오 년

字解

檀_ 박달나무 단.

封_ 봉할 봉/ (흙더미를) 쌓다, 높이다.

條_ 가지 조/ 나뭇가지, 맥락, 조목.

盧_ 성씨 로|노.

綰_ 얽을 관/ 매다// 올가미.

노관란盧綰亂: 연나라 왕 노관이 한漢나라를 배반하여 흉노로 망명하여 동호로왕東胡盧王이 되었는데, 이 망명 사건을 가리킨다.

誘_ 꾈˚유/ 유혹하다, 불러내다.

逐_ 쫓을 축/ 쫓아내다, 뒤따라가다, 뒤쫓다.

準_ 준할 준/ 의거하다, 평평하다, 정확하다, 정밀하다// 기준, 규격, 표준.

기준箕準: 기자조선의 마지막 왕.

據_ 근거 거/ 근원, 증거// 의지하다, 기대다, (차지하고) 막아 지키다, 웅거하다.

渠_ 개천 거/ 도랑.

屯_ 진 칠 둔/ 수비하다// 진陣, 병영兵營.

 _ 어려울 준.

菟_ 호랑이 도/ 고을 이름, 성씨 이름.

 _ 토끼 토.

蕃_ 우거질 번/ 번성하다, 많다.

昭_ 밝을 소/ 밝히다, 비추다, 나타내다.

소제昭帝: 한나라 무제의 여섯째 아들로서 이름은 유불릉劉弗陵이고 8대

황제가 된다.

那_어찌 나/ 어떤.

割_벨 할/ 자르다, 끊다, 해하다, 해치다.

弁_고깔 변/ 말씀, 땅 이름, 나라 이름.

赫_빛날 혁/ 밝다, 드러나다.

溫_따뜻할 온/ 데우다, 부드럽다, 온화하다, 익히다, 학습하다.

祚_복 조// 복을 내리다, 돕다.

慰_위로할 위/ 안심시키다// 위로.

隅_모퉁이 우/ 구석.

督_감독할 독/ 살피다, 살펴보다, 관찰하다.

府_마을 부/ 고을, 곳집, 곳간, 관청, 관아.

劉_죽일 류/ 살해하다// 성씨 이름.

薛_성씨 설/ 나라 이름, 맑은대쑥.

鎭_누를 진/ 지키다, 진정하다, 진압하다.

撫_어루만질 무/ (손으로) 누르다.

유인원劉仁願: 당나라 장수의 이름.

설인귀薛仁貴: 당나라 장수의 이름.

文解

　우리나라에 맨처음 나라님이 없었는데, 신인이 태백산 박달나무 아래로 내려오자, 나라 사람들이 그를 옹립하여 임금으로 삼았다. 요임금과 나란히 즉위하여 국호를 조선이라고 했으니 이분이 단군이시다.

　주나라 무왕이 기자를 조선에 봉하니, 기자가 백성에게 예의를 가르치고 여덟 가지 조항의 교령을 베풀었으니 어질고 현명한 이의 교화가 있었다.

　연나라 사람 위만이 노관의 난으로 말미암아 망명하여 와서 기준을 꾀어 내쫓고 왕검성을 차지하고 막아 지키더니, 그의 손자 우거 때에 이르러 한나라 무제가 쳐서 멸망시키고 그 땅을 나누어 낙랑, 임둔, 현토, 진번의 사군을 두었다.

　소제는 평나와 현도로써 평주로 삼았고, 임둔과 낙랑으로 동부의 두 도독부를 삼았다.

　기준이 위만을 피하여 배를 타고 바다에 떠다니다가 남쪽으로 내려와서 금마군에 살았으니, 이는 마한이 되었다.

　진나라 유민이 한나라로 피신하여 들어왔는데, 한나라가 동쪽 경계의 땅을 나눠서 주었으니, 이는 진한이 되었다.

　변한은 한나라 땅에 나라를 세웠으니, 그 시조와 연대를 알지 못한다. 이것이 삼한이다.

　신라의 시조 혁거세는 진한 땅에 도읍하여 박을 성씨로 삼았고, 고구려의 시조 주몽은 졸본 땅에 이르러 스스로 고신의 후예라고 일컬어 그로 말미암아 고를 성씨로 했고, 백제의 시조 온조는 하남 땅 위례성을 도읍으로 정하여 부여를 성씨로 삼아서 삼국이 각각 한 모퉁이를 차지하여 서로 침범하고 공격하였는데, 그 뒤에 당나라 고종이 백제와 고구려를 멸망시키고 그 땅을 나눠서 도독부를 두었고, 유인원과 설인귀에게 머물러 있으면서 안정시키고 어루만져 달래게 하였으니, 백제는 나라의 햇수가

678년이고 고구려는 705년이었다.

漢字練習

檀
박달나무 단

封
봉할 봉

條
가지 조

盧
성씨 로

綰
얽을 관

誘
꾈 유

逐
쫓을 축

漢字練習

準
준할 준

據
근거 거

渠
개천 거

屯
진 칠 둔

菟
호랑이 도

蕃
우거질 번

昭
밝을 소

漢字練習

那 어찌 나

割 벨 할

弁 고깔 변

赫 빛날 혁

溫 따뜻할 온

祚 복 조

慰 위로할 위

漢字練習

| 隔 | | | | | | | | |

모퉁이 우

| 督 | | | | | | | | |

감독할 독

| 府 | | | | | | | | |

마을 부

| 劉 | | | | | | | | |

죽일 류

| 薛 | | | | | | | | |

성씨 설

| 鎭 | | | | | | | | |

누를 진

| 撫 | | | | | | | | |

어루만질 무

文章練習

東方에 初無君長하더니 有神人이 降于太白山檀木下어늘

國人이 立以爲君하니 與堯로 竝立하여 國號를 朝鮮

이라 하니 是爲檀君이라.

周武王이 封箕子于朝鮮하니 敎民禮義하고 設八條

之敎하시니 有仁賢之化러라.

燕人衛滿이 因盧綰亂하여 亡命來하여 誘逐箕準하고

據王儉城하더니 至孫右渠하여 漢武帝討滅之하고 分其地

하여 置樂浪臨屯玄菟蕃四郡하다 昭帝가 以平那玄菟로

爲平州하고 臨屯樂浪으로 爲東府二都督府하다 箕準이

避衛滿하여 浮海而南하여 居金馬郡하니 是爲馬韓이라.

秦亡人이 避入韓이어늘 韓이 割東界以與하니 是爲辰韓이라.

弁韓則立國於韓地하니 不知其始祖年代라 是爲三韓

이라. 新羅始祖赫居世는 都辰韓地하여 以朴으로 爲姓하고

高句麗始祖朱蒙은 至卒本하여 自稱高辛之後하여

因姓高하고 百濟始祖溫祚는 都河南慰禮城하고

以扶餘로 爲氏하여 三國이 各保一隅하여 互相侵伐

하더니 其後에 唐高宗이 滅百濟高句麗하고 分其地하여

置都督府하고 以劉仁願薛仁貴로 留鎭撫之하니

百濟는 歷年이 六百七十八年이고 高句麗는 七百

五年이라.

新羅之末에 弓裔가 叛于北京하여 國號를 泰封이라 하고 甄萱은
신라지말 궁예   반우북경   국호 태봉   견훤

叛據完山하여 自稱後百濟라 하다.
반거완산   자칭후백제

新羅亡하니 朴昔金三姓이 相傳하여 歷年이 九百九十二年
신라망   박석김삼성   상전   역년 구백구십이년

이라.

泰封의 諸將이 立麗祖하여 爲王하고 國號를 高麗라 하니라.
태봉 제장 입려조   위왕   국호 고려

剋剗群兇하여 統合三韓하고 移都松嶽이러시니 至于季世하여
극잔군흉   통합삼한   이도송악   지우계세

恭愍이 無嗣하고 僞主辛禑가 昏暴自恣하며 而恭讓이 不君하여
공민 무사   위주신우   혼포자자   이공양 불군

遂至於亡하니 歷年이 四百七十五年이라.
수지어망   역년 사백칠십오년

天命이 歸于眞主하니 大明의 太祖高皇帝가 賜改國號曰
천명 귀우진주   대명 태조고황제   사개국호왈

朝鮮이라 하다.
조선

定鼎于漢陽으로 聖子神孫이 繼繼繩繩하여 重熙累洽하여 式
정정우한양   성자신계   계계승승   중희루흡   식

至于今하니 實萬世無疆之休라.
지우금   실만세무강지휴

於戱라 我國이 雖僻在海隅하여 壤地褊小나 禮樂法度와
오희 아국 수벽재해우   양지편소 예악법도

衣冠文物을 悉遵華制하여 人倫이 明於上하고 敎化가 行於下
의관문물 실준화제   인륜 명어상   교화 행어하

하여 風俗之美가 侔擬中華하니 華人이 稱之曰 小中華라.
   풍속지미   모의중화   화인 칭지왈 소중화

茲豈非箕子之遺化耶아.
자 기 비 기 자 지 유 화 야

嗟爾小子는 宜其觀感而興起哉인저.
차 이 소 자   의 기 관 감 이 흥 기 재

字解

羅_벌일 라/ 늘어서다, 그물 치다// 그물, 비단.

裔_후손 예/ 자락, 끝.

叛_배반할 반/ 어긋나다, 어지럽히다.

북경北京: 오늘날 개성 지역을 가리킨다.

甄_질그릇 견.

萱_원추리 훤.

완산完山: 지금의 전주 지역을 말한다.

尅_이길 극/ 해내다, 이루어내다, 다스리다.

剗_깎을 잔/ 베다, 다스리다.

兇_흉악할 흉/ 모질고 사납다// 흉악한 사람.

嶽_큰 산 악.

季_계절 계/ 끝, 마지막, 막내, 말년, 말세.

愍_근심할 민/ 걱정하다// 근심, 걱정.

嗣_이을 사/ 이어받다, 계승하다// 자손, 후손.

祐_복 우.

恣_마음대로 자/ 제멋대로// 방종하다.

讓_사양할 양/ 양보하다, 겸손하다.

賜_줄 사/ 하사하다.

정정定鼎: 새로 나라를 세워 수도를 정하는 것을 말한다. 중국 하나라에서 우왕이 구주九州의 금속을 모아 솥을 아홉 개 만들어 왕위 계승의

상징으로 삼았었는데, 나중에 주나라 성왕이 구정九鼎을 다른 곳에 옮겨 주나라 도읍으로 정한 데서 유래했다.

式_법 식/ 의식, 제도// ~써, ~(으)로써, 以와 같다.

疆_지경 강/ 땅의 가장자리, 경계, 끝, 한계.

休_쉴 휴/ 휴식하다, 멈추다, 그만두다, 아름답다, 훌륭하다.

僻_궁벽할 벽/ 치우치다, 후미지다, 편벽되다.

壤_흙덩이 양/ 땅, 경작지, 국토.

褊_좁을 편/ 편협하다.

侔_가지런할 모/ 힘쓰다, 따르다, 같다.

擬_비길 의/ 비기다, 비교하다, 견주다.

化_될 화/ 바뀌다, 교화하다, 감화시키다, 가르치다// 변화, 교화, 가르침.

文解

　신라 말기에 궁예가 북경에서 반란을 일으켜 국호를 태봉이라고 하고, 견훤은 반란을 일으켜 완산에 웅거하여 스스로 후백제라고 일컬었다.
　신라가 망하니, 박, 석, 김 세 성씨가 서로 왕위를 전하여 나라의 햇수가 992년이었다.
　태봉의 뭇 장수들이 고려의 시조를 옹립하여 왕으로 삼고 국호를 고려라고 했다.
　흉악한 무리들을 이겨내고 다스려 삼한을 통합하고 송악으로 도읍을 옮겼다.
　고려 말기에 이르러 공민왕에게 대를 잇는 자식이 없었고, 가짜 임금인 신우가 어리석고 사나워 자기 마음대로 하였으며, 공양왕도 임금 노릇을 못하여 마침내 망하게 되었으니, 나라의 햇수는 475년이었다.
　하늘의 명이 진짜 주인에게 돌아오니, 명나라 태조 고황제께서 국호를 조선이라고 고쳐 하사하셨다.
　한양에 도읍한 것으로, 임금의 자손이 대대로 이어져 왕업을 거듭 빛내고 거듭 윤택하게 하여 지금에 이르니, 참으로 만세토록 끝없는 훌륭함이로다.
　아아, 우리나라가 비록 바다의 한구석에 치우쳐 있어 땅이 좁고 작으나 예악법도와 의관문물을 모두 중국 제도에 준거하여 인륜이 위에서 밝고, 교화가 아래서 행하여져 풍속의 아름다움이 중화에 못지않으니 중국 사람이 칭찬하여 말하길 '소중화'라고 한다.
　이 어찌 기자가 전해준 가르침 때문이 아니겠는가.
　아, 너희 어린이는 마땅히 살피고 느껴서 떨쳐 일어나야 할 것이다.

漢字練習

羅
벌일 라

裔
후손 예

叛
배반할 반

甄
질그릇 견

萱
원추리 훤

尅
이길 극

剗
깎을 잔

漢字練習

兇
흉악할 흉

嶽
큰 산 악

季
계절 계

愍
근심할 민

嗣
이을 사

禑
복 우

恣
마음대로 자

漢字練習

讓 사양할 양

賜 줄 사

疆 지경 강

壤 흙덩이 양

褊 좁을 편

侔 가지런할 모

擬 비길 의

文章練習

新羅之末에 弓裔가 叛于北京하여 國號를 泰封이라 하고 甄萱은 叛據完山하여 自稱後百濟라 하다.

新羅亡하니 朴昔金三姓이 相傳하여 歷年이 九百九十二年이라.

泰封의 諸將이 立麗祖하여 爲王하고 國號를 高麗라 하니라. 剋剗群兇하여 統合三韓하고 移都松嶽이러시니 至于季世하여 恭愍이 無嗣하고 僞主辛禑가 昏暴自恣하며 而恭讓이 不君하여 遂至於亡하니 歷年이 四百七十五年이라.

天命이 歸于眞主하니 大明의 太祖高皇帝가 賜

改國號曰朝鮮이라 하다. 定鼎于漢陽으로 聖子神孫이 繼繼繩繩하여 重熙累洽하여 式至于今하니 實萬世無疆之休라. 於戱라 我國이 雖僻在海隅하여 壤地褊小나 禮樂法度와 衣冠文物을 悉遵華制하여 人倫이 明於上하고 敎化가 行於下하여 風俗之美가 侔擬中華하니 華人이 稱之曰 小中華라.

茲豈非箕子之遺化耶아.

嗟爾小子는 宜其觀感而興起哉인저.

跋文

孟子曰 讀其書하고 誦其詩하면서 不知其人이 可乎아 하시니라.
맹자왈 독기서   송기시   부지기인   가호

余幼時에 見人家子弟初學者하니 無不以是書爲先하되
여유시   견인가자제초학자   무불이시서위선

而第不知出於何人之手矣러니 今에 朴上舍廷儀氏가 來謂
이제부지출어하인지수의   금   박상사정의씨   내위

余曰 此는 吾高祖諱世茂之所編也라 하니 余不覺驚喜曰
여왈 차   오고조휘세무지소편야   여불각경희왈

今日에야 始知其人矣로다.
금일   시지기인의

公은 爲明廟朝名臣이라 其學問이 有淵源하고 而門路가 亦
공   위명묘조명신   기학문   유연원   이문로   역

甚正하니 觀於此編하면 則可知矣라.
심정   관어차편   즉가지의

其該括約說이 無非學問中體認一大公案이며 而所序歷代가
기해괄약설   무비학문중체인일대공안   이소서력대

又史家之總目也라.
우사가지총목야

或疑編內所輯理氣性命等說은 非童學所能知라 하나 此則
혹의편내소집리기성명등설   비동학소능지   차즉

不知作者本意所在也라.
부지작자본의소재야

朱子嘗論仁說曰
주자상론인설왈

此等名義는 古人之敎가 自小學之時로 已有白直分明
차등명의   고인지교   자소학지시   이유백직분명

訓說하니 得知此道理가 不可不著實踐履하며 所以實造其地
훈설　　득지차도리　　불가불착실천리　　소이실조기지

位也라.
위 야

若茫然理會不得이면 則其所以求之者가 乃其平生所不識
약망연리회부득　　즉기소이구지자　　내기평생소불식

之物이니 復何所向望慕愛而知所以用其力耶아.
지물　　복하소향망모애이지소이용기력야

今之童學이 略識諸般名義界限하여 終有所歸宿者가 必於
금지동학　　약식제반명의계한　　종유소귀숙자　　필어

此書而得之니 其功이 豈不大哉아.
차서이득지　기공　　기부대재

竊聞今上殿下每臨筵에 喜說此書하시니 睿學之明이 必有
절문금상전하매림연　　희설차서　　　예학지명　　필유

以識此矣시리라.
이 식 차 의

公의 字는 景藩이요 咸陽人이니 登第하여 始爲翰林하고 官止
공　자　경번　　함양인　　등제　　시위한림　　관지

監正하니라.
감 정

蘇齋盧相公守愼이 以嘗著此書로 訓其子弟하여 載公墓碣
소재로상공수'신　　이상저차서　　훈기자제　　재공묘갈

云이라.
운

崇禎紀元之商橫閹茂陽月日에 恩津 宋時烈은 謹跋하노라.
숭정기원지상횡엄무양월일　　은진 송시열　　근발

字解

跋_밟을 발/ 짓밟다// 밑동, 발문.
발문跋文: 책의 끝에 본문의 요지나 간행 경위를 간략히 적은 글.
誦_욀 송/ 암송하다, 읊다, 노래하다, 읽다.
第_차례 제/ 순서, 과거科擧, 시험// 급제하다, 합격하다// 다만, 단지.
상사上舍: 조선 시대에, 생원生員이나 진사進仕를 가리킨다.
廷_조정 정/ 관아, 뜰, 앞마당.
諱_숨길 휘/ 꺼리다, 싫어하다// 휘(돌아가신 높은 어른의 살았을 때 이름).
廟_사당 묘/ 묘당.
該_갖출 해/ 겸하다// 마땅히, 모두, 모조리.
括_묶을 괄/ 동여매다, 담다, 망라하다, 통합하다, 찾다, 궁구하다// 묶음, 법도, 법규.
체인體認: 마음속으로 깊이 납득하거나 인정한다는 뜻이다.
일대一大: 아주 큰, 아주 굉장한, 아주 훌륭한.
공안公案: 공론에 의하여 결정된 안건.
序_차례 서/ 질서, 서문, 머리말// 차례를 매기다, 서문을 쓰다, 펴다, 서술하다.
총목總目: 서적 또는 물건의 이름을 일정한 순서로 모두 적은 것.
輯_모을 집/ 모이다, 합치다, 엮다, 편집하다.
造_지을 조/ 만들다, 이루다, 성취하다, 이룩하다.
茫_아득할 망/ 드넓다.
會_모일 회/ 모으다, 만나다, 이해하다, 깨닫다.

제반諸般: 여러 가지 또는 어떤 것과 관련된 모든 것.

계한界限: 땅의 경계 또는 능력, 책임 따위가 실제로 미치는 범위.

竊_ 훔칠 절/ 도둑질하다// 살짝, 슬그머니, 가만히.

殿_ 궁궐 전/ 전각, 큰 집.

筵_ 대자리 연/ 좌석, 곳, 장소.

睿_ 슬기 예/ 임금 또는 성인의 언행// 슬기롭다, 총명하다.

蕃_ 우거질 번/ 번성하다, 많다.

翰_ 편지 한/ 글, 붓, 편지, 날개, 깃.

監_ 볼 감/ 살피다, 경계하다// 감옥, 관청, 거울.

蘇_ 되살아날 소/ 소생하다, 깨다, 깨어나다, 깨닫다.

齋_ 재계할 재/ 몸과 마음을 깨끗이 하며 행동을 삼가다.

碣_ 비석 갈.

숭정崇禎: 명나라의 마지막 황제인 의종의 연호.

상횡엄무商橫閹茂: 상횡은 천간의 경庚을 가리키고 엄무는 지지의 무戌에 해당한다. 곧 경술년庚戌年을 말한다.

양월陽月: 10월을 말한다.

송시열宋時烈: 조선시대 선조와 숙종 때의 유학자이며, 호는 우암, 본관은 은진이다.

文解

 맹자께서 말씀하시길 "그 글을 읽고 그 시를 읊으면서 그 지은 사람을 알지 못하면 되겠는가."라고 하셨다.
 내가 어렸을 적에, 남의 집 자제가 학문을 처음으로 배우는 것을 보니, 이 책을 가지고 가장 먼저 배우지 않음이 없었으되, 다만 어떤 사람의 손에서 태어난 책인지 알지 못했다.
 이제 박상사 정의 씨가 와서 내게 "이 책은 저희 고조부, 세무란 이름을 쓰시는 분이 지으신 겁니다." 하고 말하니, 나는 어쩔 줄 모르게 놀라고 기뻐서 "오늘에야 비로소 그 사람을 알게 되었다."고 말했다.
 공은 명종 때의 이름난 신하다. 그의 학문은 연원이 있고 학문의 길 또한 매우 올곧으니, 이 책에서 살펴보면 알 수 있다.
 그 모두 담아내면서도 간략한 설명은, 학문을 배우고 익혀가는 가운데 아주 훌륭한 공안으로 마음속 깊이 인정하지 않을 것이 없으며, 역대를 서술한 바는 또한 사가의 총목- 역사적 순서에 따른 목록이다.
 어떤 사람은 이 책 속에 이기나 성명 따위의 학설을 엮은 부분은 아이의 학습으로 쉽게 알 수 있는 내용이 아니라고 의심하나, 이는 저자의 본뜻이 어디에 있는지 알지 못하는 것이다.
 주자는 일찍이 인을 논하여 말하기를
 "이것들의 이름과 의미는, 옛사람의 가르침이 소학을 익힐 때부터 이미 명백하고 확실한 훈계와 설명이 있어, 이 도리를 이해하는 일을 착실히 실천으로 이행하지 않을 수 없으니, 정말로 그 경지를 성취한 까닭이었다.
 만약 아득하게 이해하고 알다가 어쩔 수 없으면, 그 때문에 얻고자 하는 바가 도리어 평생 알지 못하게 될 것이니, 다시 어디를 바라보며 그리워하여 제 힘을 쓸 줄 알겠는가?"라고 하였다.
 지금의 아이 학습이 간략하나마 여러 가지 명의의 범주를 이해하여 마침내 찾아가야 할 곳이 있게 되는 것은 반드시 이 책에서 얻으니, 그 공이 어찌 크지 않겠는가!

가만히 들으니 금상 전하께서 매번 경연에 나아가실 때에 이 책을 이야기하길 좋아하신다니, 학문에 대한 임금님의 현명함이 반드시 이 점을 알고 계시기 때문일 것이다.

공의 자는 경번이요, 함양 사람이니 과거에 급제하여 처음에 한림이 되었고, 벼슬은 감정에 이르렀다.

소제 노상공 수신이 일찌기 이 책을 지어 그 자제를 가르쳤다고 공의 무덤 앞 작은 비석에 기록되어 있다고 한다.

송정 기원 경술년 10월 일
은진 송시열 삼가 발문을 쓰다

漢字練習

跋
밟을 발

誦
욀 송

諱
숨길 휘

廟
사당 묘

該
갖출 해

括
묶을 괄

輯
모을 집

漢字練習

茫 아득할 망

竊 훔칠 절

殿 궁궐 전

筵 대자리 연

睿 슬기 예

蕃 우거질 번

翰 편지 한

漢字練習

監
볼 감

蘇
되살아날 소

齋
재계할 재

碣
비석 갈

文章練習

孟子曰 讀其書하고 誦其詩하면서 不知其人이 可乎아 하시니라. 余幼時에 見人家子弟初學者하니 無不以是書爲先하되 而第不知出於何人之手矣러니 今에 朴上舍廷儀氏가 來謂余曰 此는 吾高祖諱世茂之所編也라하니 余不覺驚喜曰 今日에야 始知其人矣로다. 公은 爲明廟朝名臣이라 其學問이 有淵源하고 而門路가 亦甚正하니 觀於此編하면 則可知矣라. 其該括約說이 無非學問中體認一大公案이며 而所序歷代가 又史家之總目也라 或疑編內所輯理氣性命等說은 非童學所能知라 하나 此則不知

作者本意所在也라.

朱子嘗論仁說曰 此等名義는 古人之敎가 自小學
之時로 已有白直分明訓說하니 得知此道理가
不可不著實踐履하며 所以實造其地位也라.
若茫然理會不得이면 則其所以求之者가 乃其平生
所不識之物이니 復何所向望慕愛而知所以
用其力耶아.
今之童學이 略識諸般名義界限하여 終有所歸
宿者가 必於此書而得之니 其功이 豈不大哉아.
竊聞今上殿下每臨筵에 喜說此書하시니 睿學之明이
必有以識此矣시리라.

公의 字는 景藩이요 咸陽人이니 登第하여 始爲翰林하고 官止監正하니라.

蘇齋盧相公守愼이 以嘗著此書로 訓其子弟하여 載公墓碣云이라.

崇禎紀元之商橫閹茂陽月日에 恩津宋時烈은 謹跋하노라.